贺兰山岩画

千万年人与石的对话

冯海英 马建军 著

丝路物语 书系
总主编 李炳武

西安出版社

图书在版编目（CIP）数据

千万年人与石的对话：贺兰山岩画 / 冯海英，马建军著. — 西安：西安出版社，2023.10
ISBN 978-7-5541-6436-5

Ⅰ.①千… Ⅱ.①冯… ②马… Ⅲ.①贺兰山—岩画—研究 Ⅳ.①K879.424

中国国家版本馆CIP数据核字(2023)第176444号

千万年人与石的对话
贺兰山岩画
QIANWANNIAN REN YU SHI DE DUIHUA
HELANSHAN YANHUA

冯海英　马建军　著

出 版 人：	屈炳耀
出版统筹：	李宗保　贺勇华
策　　划：	张正原
责任编辑：	陈梅宝
印刷统筹：	尹　苗
出版发行：	西安出版社
社　　址：	西安市曲江新区雁南五路1868号影视演艺大厦11层
电　　话：	（029）85253740
邮政编码：	710061

印　　刷：	重庆新金雅迪艺术印刷有限公司
开　　本：	787mm×1092mm　1/16
印　　张：	16.75
字　　数：	172千
版　　次：	2023年10月第1版
印　　次：	2023年10月第1次印刷
书　　号：	ISBN 978-7-5541-6436-5
定　　价：	78.00元

如有印刷、装订问题，本社负责另换。

序一

阅读文物 拥抱文明

郑欣淼

文物所折射出的恒久魅力，已为越来越多的人所认识。今天呈现在读者面前的这部"丝路物语"书系，就是这一魅力的具体体现。

"让收藏在博物馆里的文物、陈列在广阔大地上的遗产、书写在古籍里的文字都活起来。"（习近平语）党的十八大以来，习近平总书记担负着实现中华民族伟大复兴的历史重任，饱含着对传统文化的深厚感情，让文物活起来始终为其所关注、所思考。让文物活起来，就是深入挖掘文物的内涵，充分发挥文物的作用。中国文物是中华民族的文明印记和精神标识，是全体中国人乃至全人类的珍贵财富；它对于激发人民群众对中华优秀传统文化的了解、认同和热爱，坚定文化自信，汇聚发展力量等作用是不言而喻的。

近年来，一些优秀的文物类书籍、综艺节目、纪录片、文化创意产品等不断涌现，文化遗产元素成为国家外交的桥梁，文物逐渐成为"网红"并受到越来越多年轻人的青睐，这些都充分彰显着"让文物活起来"已逐渐从理念转化为行动，那些在历史长河中积淀下来的文物珍存正在不断走近百姓、融入时代、面向世界。

说到文物，不能不把眼光聚焦于丝绸之路。人类社会交往的渴望推动了世界文明间的相互交融和渗透，中华文明与亚、欧、非三大洲的古代文明很早就发生接触，相互影响，相互交流。直到1877年，德国地理学家李希霍芬在他的著作《中国——我的旅行成果》里首次提出了"丝绸之路"的概念。近半个世纪以来，随着丝绸之路考古发现和学术研究的不断深入，极大地开阔了人们的视野。特别是"一带一路"倡议的全面推进，丝绸之路研究更成为国际显学。在古代文明交流史上，丝绸之路无疑是极其璀璨的一笔。它承载着千年古史，编织着四方文明。也正因为丝绸之路无与伦比的历史积淀，形成了独特的历史文化遗产，其数量之大、等级之高、类型之丰富、序列之完整、影响之深远，都是世所公认的。神秘悠远的古代城址、波澜壮阔的长城关隘烽燧遗址、精美绝伦的艺术品、气势磅礴的帝王陵墓、灿若星辰的宫观寺庙、瑰丽壮美的石窟寺……数不清道不尽的文物珍宝，足以使任何参观者流连忘返，叹为观止。2014年，"丝绸之路：长安—天山廊道的路网"成功跻身《世界文化遗产名录》，使丝绸之路迎来了新的历史机遇，也对广大文化文物工作者提出了新的要求。

"让文物说话，把历史智慧告诉人们。"这是习近平总书记的谆谆嘱托。中华文化优雅如斯，如何让文物说话，飞入寻常百姓家，是当下无数文化界人士亟待攻坚的课题，亦是他们光荣的使命。客观来讲，丝绸之路方面的论著硕果累累，但从一般读者角度，特别是从当下文化与旅游结合角度着眼的作品不多，十分需要一套全面系统地介绍丝绸之路文物故事的读物。

令人欣喜的是，西安出版社组织策划了这套颇具规模的"丝路物语"书系，并由李炳武先生担任主编，弥补了这一缺憾。李炳武先生曾经长期在文物文化领域工作，也主持过"中华国宝·陕西珍贵文物集成""长安学丛书"和《陕西文物旅游博览》等大型文物类图书的编纂工作，得到了业界的充分肯定；加之丛书的作者都是有专业素养的学者，从而保证了书稿的质量。

如何驾驭丝绸之路这样一个纵贯远古到当今、横贯地中海到华夏大地的话题，对于所有编写者来说，都是具有挑战性的。这套书的优点或者说特点，可以概括为以下几个方面：

这套书最大的一个优点，就是大而全。从宏观的视野，用简明的线条，对陆上丝绸之路的博物馆、大遗址进行了全景式梳理，精心遴选主要文物，这些国宝的历史、艺术和科学价值在字里行间一一呈现。

丝绸之路文化遗产类型丰富，作者在文中并没有局限于文物本身的解读，还根据文物的特点做了大量的知识拓展，包括服饰的流变，宗教的传播，马匹的驯化，葡萄等水果的东传，纸张的发明和不断改进，医学的发展，乐器、绘画、雕刻、建筑、织物、陶瓷等视觉艺术的交互影响，等等。其中既有交往的结果，也有战争的推动。总体而言，这些内容是讲述丝绸之路时所不可或缺的内容，使读者透过文物认识了丝绸之路丰富的文化内涵。

值得称道的是，这套书采取探索与普及相结合的方式，图文并茂，力求避免学究气的艰涩笔调，加入故事性、趣味性，使文字更具可读性，达到雅俗共赏的目的。通过图书这一载体，能够使读者静静地品味和欣赏这些文物，传达出对历史的沉思和感悟，完善自己对文物、丝绸之路和文化的认知。读过这套书后，相信读者都会开卷有益，收获多多，文物在我们眼中也将会是另一番面貌。

我们有幸正处于坚持以人民为中心的改革发展伟大时代，每一件文物，都维系着民族的精神，让文物活起来，定会深入人心、蔚为大观。此次李炳武先生请我写序，初颇踌躇，披卷读来，犹如一场旅行，神游历史时空之浩渺无垠，遐思华夏文化之博大精深。兼善天下，感物化人历来是每一个中国知识分子的精神所属，若序言能为一部作品锦上添花，得而为普及民众的文物保护意识起到促进作用，何乐而不为？

是为序。

· 郑欣淼 ·
原中国文化部副部长、故宫博物院原院长、中华诗词学会会长、著名历史文化学者。

序二

丝路物语话沧桑

李炳武

2013年9月，中国国家主席习近平访问哈萨克斯坦时，在纳扎尔巴耶夫大学发表演讲，首次提出共同构建"丝绸之路经济带"的宏伟倡议。2014年6月，"丝绸之路：长安—天山廊道的路网"成功跻身《世界文化遗产名录》。

丝绸之路是世界上路线最长、影响最大的文化线路。丝绸之路是指起始于古代中国的政治、经济、文化中心—古都长安（今西安）连接亚洲、非洲和欧洲的古代陆上商业贸易路线。它跨越陇山山脉，穿过河西走廊，通过玉门关和阳关，抵达新疆，沿绿洲和帕米尔高原通过中亚、西亚和北非，最终抵达非洲和欧洲，向南延伸到印度次大陆。这条伟大的道路沟通了中国、印度、希腊三大文明，全长一万多千米。它是一条东方与西方之间经济、政治、文化进行交流的主要道路，促进了欧亚大陆不同国家、不同文明之间在商贸、宗教、文化以及民族等方面的交流与融合，为人类社会的共同发展和繁荣做出了卓越贡献。

公元前138年，使者张骞受汉武帝派遣从长安出发，出使月氏。13年中，他的足迹踏遍天山南北和中亚、西亚各地。在随后的2000多年间，无数商贾、旅人沿着张骞的足迹，穿越驼铃叮当的沙漠、炊烟袅袅的草原、飞沙走石的戈壁，来往于各国之间，带来了印度、阿拉伯、波斯和欧洲的玻璃、红酒、马匹，宗教、科技和艺术，带走了中国的丝绸、漆器、瓷器和四大发明，举世闻名的丝绸之路渐渐形成。

用"丝绸之路"来形容古代中国与西方的文明交流，最早出自德国著名地理学家李希霍芬 1877 年所著的《中国——我的旅行成果》一书。由于这个命名贴切写实而又富有诗意，很快得到学术界的认可，并风靡世界。

近年来，丝绸之路迎来了新的历史机遇，沿丝绸之路寻访探秘的人络绎不绝。发展丝路经济，研究丝路文明，观赏丝路文物成了新时代的社会热潮，"丝路物语"书系便应运而生。在本书和读者见面之际，作为长安学研究者、"丝路物语"书系的主编，就该书的选题范围、研究对象、编写特色及意义赘述于下：

"丝路物语"书系，以"丝绸之路：长安—天山廊道的路网"遗产及相关博物馆为选题范围。该遗产项目的线路跨度近 5000 千米，沿线包括了中心城镇遗迹、商贸城市、聚落遗迹、交通遗迹、宗教遗迹和关联遗迹五类代表性遗迹以及沿途丰富的特色地理环境。丝路沿线遗迹或壮观巍峨，或鬼斧神工，或华丽精美，见证了欧亚大陆在公元前 2 世纪至公元 16 世纪之间人类文明进步的重要阶段，以及在这段时间内多元文化并存的鲜明特色。

"丝路物语"书系，每册聚焦古丝绸之路上的一座博物馆、一处古遗址或一座石窟寺，力求立体全面地展示丝绸之路上的历史遗存、人文故事和风土人情。这是一套丝绸之路旅游观光的文化指南，从中可观赏到汉代桑蚕基地的鎏金铜蚕，饱览敦煌石窟飞天的婀娜多姿，聆听丝路古道上的声声驼铃。古丝绸之路是人类文明的宝贵遗产，记录着社会的沧桑巨变，这是一部启封丝路文明的记忆之书。

"丝路物语"书系，以阐释文物为重点。文物是中华民族的精神标识。"让收藏在博物馆里的文物、陈列在广阔大地上的遗产、书写在古籍里的文字都活起来。"这对于激发人民群众对中华优秀传统文化的了解、认同和热爱，坚定文化自信，汇聚发展力量不可小觑，这是一部积淀文化自信的启智之作。

2000多年前，我们的先辈筚路蓝缕，穿越草原沙漠，开辟出联通亚欧非的陆上丝绸之路。这不仅是一条通商易货之道，更是一条文化交流之路。沿着古丝绸之路，中国将丝绸、瓷器、漆器、铁器传到西方，也为中国带来了胡椒、亚麻、香料、葡萄、石榴。沿着古丝绸之路，佛教、伊斯兰教及阿拉伯的天文、历法、医药传入中国，中国的四大发明、养蚕技术也由此传向世界。更为重要的是，商品和文化交流带来了观念创新。比如，佛教源自印度，却在中国发扬光大，在东南亚得到传承。儒家文化起源于中国，却受到欧洲莱布尼茨、伏尔泰等思想家的推崇。这是交流的魅力，互鉴的成果。这些各国不同的异质文化，犹如新鲜血液注入华夏文化肌体，使脉搏跳动更为雄健有力。古丝绸之路绵亘万里，延续千年，积淀了以和平合作、开放包容、互学互鉴、互利共赢为核心的丝路精神。

新时代、新丝路、新长安。2017年，习近平主席在"'一带一路'国际合作高峰论坛"上指出：古丝绸之路是人类文明的宝贵遗产。为让这些遗产、文物鲜活起来，西安出版社策划出版的"丝路物语"书系，承载着别样的期许与厚望，旨在以丝绸之路的隽永品格对话当代社会的文化建构，以高度的文化自觉唤醒当代社会的文化自信。

我们作为丝绸之路起点长安的文化工作者，更应该饱含对传统文化的深厚感情，自觉担负起实现中华民族伟大复兴的历史重任，充分运用长安学的最新研究成果，为保护、研究和传承人类文明的宝贵遗产尽心尽力，助推"一带一路"伟大事业的蓬勃发展。

精品力作是出版社的立身之本，亦是文化工作者的社会担当。"丝路物语"书系的出版，凝聚着众多写作和编辑人员的思考与汗水。借此，特别感谢郑欣淼部长的热情赐序；感谢策划人、西安出版社社长屈炳耀先生的睿智选题与热情相邀；感谢相关遗址、博物馆领导的支持和富有专业素养的学者和摄影人员的精心创作；更要感谢西安出版社副总编辑李宗保和编辑张正原认真负责、卓有成效的工作。

"丝路物语"书系的出版虽为刍荛之议、管窥之见，但西安出版社聆听时代声音、承担时代使命以及致力于激活文化遗产、传播中国声音的决心定将引领其走向更远的未来。

是为序。

·李炳武·
陕西省文物局原副局长、陕西省文史馆原馆长、"长安学"创始人、陕西师范大学国际长安学研究院首任院长、三秦文化研究会会长、长安学研究中心主任、著名历史文化学者。

贺兰山岩画

中卫大麦地鹿、羊图案岩画

066 贺兰山中的攀岩高手

076 神、人之间的使者

086 追风踏月的伴侣

096 勤劳朴实的帮手

106 沙漠奇畜 戈壁明星

114 翱翔天空的精灵

120 水间飞跃的信使

126 贺兰山多彩的外衣

196 原始足迹图案中的奥秘

204 击石拊石 百兽率舞

210 气势高昂 呼声震天

218 恢宏、虔诚的宗教遗产

228 『死』而复『生』的古文字

234 白芨沟多彩的山间文身

238 十米台游牧生活的长卷

242 韩美林的现代岩画艺术

目录

001 开篇词

002 群峰峥嵘的自然生态

010 源远流长的人文环境

018 广布山崖的刻画文身

026 石纹一见惊世间

036 古人生活的心路石作

046 技术与造型的合璧

054 百兽之王的印记

062 捕猎圣兽的踪影

132 天之神 日为尊

136 脸庞中永恒的意识

148 早期人类狩猎、放牧的生活纪实

160 人类的原始信仰

168 古人眼中变幻的宇宙

174 神秘未知的原始符号

184 铁马冰河 刀剑相向

190 原野上驰骋的交通工具

开篇词

丝路物语 贺兰山岩画

"贺兰之山五百里，极目长空高插天。"巍峨险峻的贺兰山脉，是一座自然与人文充分融合的名山，历史上，山脉中分布着多条连接中原农耕地区与西北游牧民族生活区域的交通要道，是熙熙攘攘的商贸通道，也是狼烟四起的战略节点。遥远的过去，在这里生活的人们，用或写实或抽象的手法，把周围的花鸟虫鱼、飞禽走兽，生活中的欢乐悲伤凿刻在岩石上，诉说着他们的情感或者愿望。"骏马浮沉破海出"的贺兰山脉与山间岩画交相辉映，给今天的我们留下无尽的遐想……

群峰峥嵘的自然生态

经历了近30亿年的地质演变，饱经沧桑的贺兰山脉终于刺破青天、屹立苍穹。贺兰山山体由太古代至中生代侏罗纪的大部分地层和多期岩浆构成，岩性复杂，经过长期风化剥蚀，被大自然刻画雕琢成了现今群峰峥嵘的外貌。

贺兰山，位于宁夏回族自治区西北部与内蒙古自治区交界处，是中国一条重要的自然地理分界线，是中国河流外流区与内流区的分水岭，也是中国季风气候和非季风气候的分界线，还是中国200毫米等降水量线和西北重要的生态安全屏障。

贺兰山山系南北走向，北起宁夏与内蒙古交接的巴彦敖包，南至宁夏中部的青铜峡，南北绵延约220千米，东西宽20至40千米。从北到南分布有归德沟、大风沟、贺兰口、苏峪口、三关口、北岔口等50多个沟口，

贺兰山山脉

其中大的沟口有20多个。贺兰山脉分为北、中、南三段。北段最宽，但海拔一般不超过2000米；中段海拔3000米左右，是贺兰山的主体；南段山势趋缓。主峰敖包疙瘩在山脉中段，海拔3556米，是宁夏的最高山峰。

贺兰山山体东侧巍峨壮观、峰峦重叠、崖谷险峻，西侧地势渐缓。东西部自然景观及经济生产有很大差异——东部为半农半牧区，西部为纯牧区。西部和北部有著名的腾格里大沙漠和乌兰布和大沙漠，东部则是宁夏平原，素有"塞上江南"的美称。

贺兰山特殊的地理位置，孤立又亲密的山体、咫尺之间迥异的自然环境，孕育了许多特有、珍稀、濒危的植物。其中，原产地模式标本植物近40种，如绣线菊、曼陀罗等。

贺兰山山峰

贺兰山是野生动物的乐园，常有珍禽异兽出没。如远东山雀、花栗鼠、马鹿、雉鸡、岩羊等。

绣线菊

曼陀罗

远东山雀

花栗鼠

马鹿

雉鸡

岩羊与岩画

源远流长的人文环境

从旧石器时代晚期开始,就有人类在贺兰山一带生息繁衍,在漫长的岁月里,贺兰山成为人与自然和谐相处的乐园。在这里活动过的人们,用各种类型的文化遗产来回赠大自然,给贺兰山增添了丰厚的内涵。

　　宁夏人亲切地称贺兰山为"父亲山"。他以父亲般博大的胸怀阻挡着宁夏西北高寒气流的东进、腾格里沙漠的东移与沙尘的侵袭,守卫着黄河在宁夏的安澜,与黄河共同造就了"天下黄河富宁夏"的传奇佳话,对"塞北江南"的生成、延续有着显赫功劳。

　　贺兰山名称的来源,有几种不同说法。一是"驳马"之说。唐李吉甫的《元和郡县图志》中记载:"山多树林,青白,望如驳马,北人呼驳

贺兰山日照

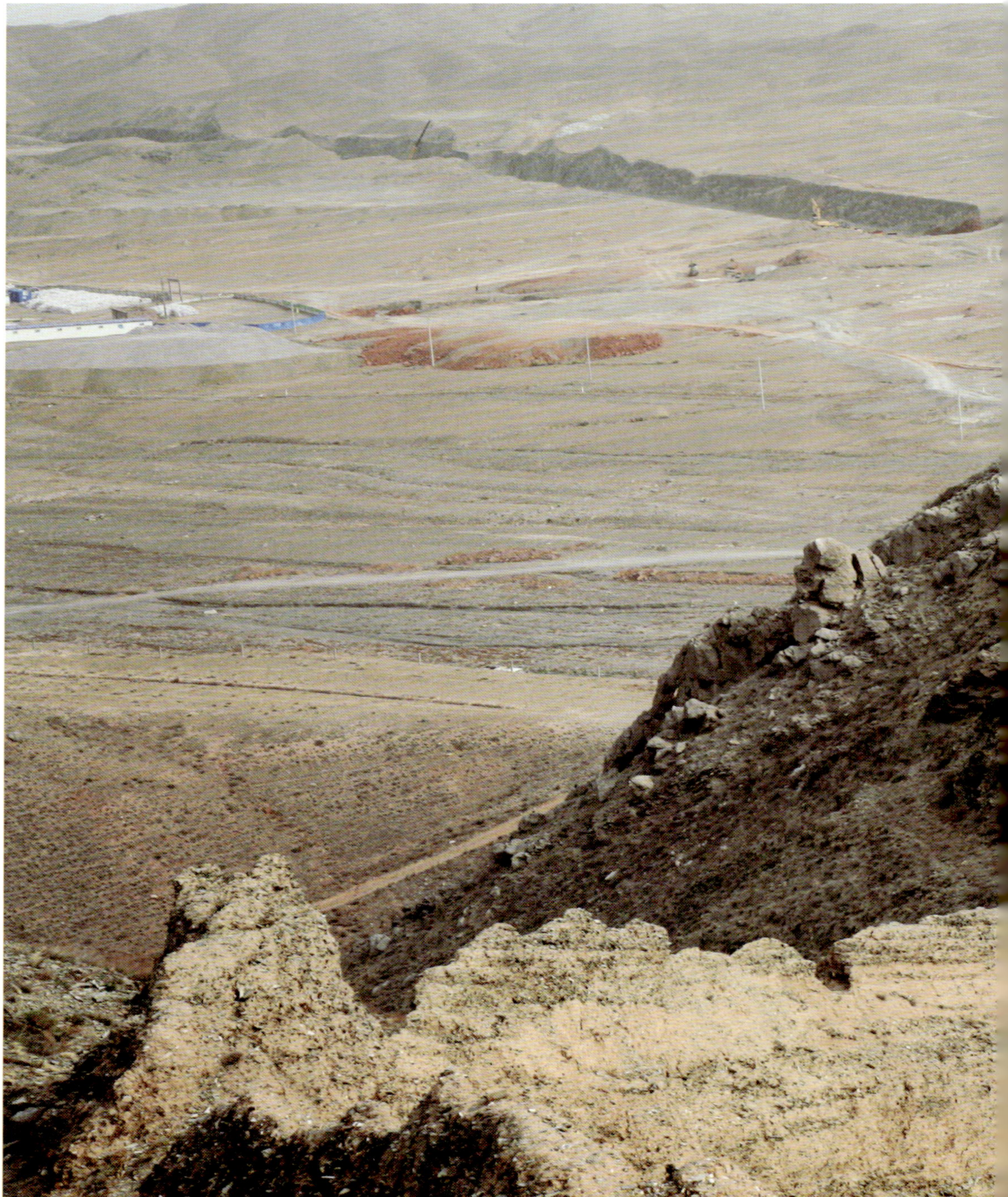

三关口明长城

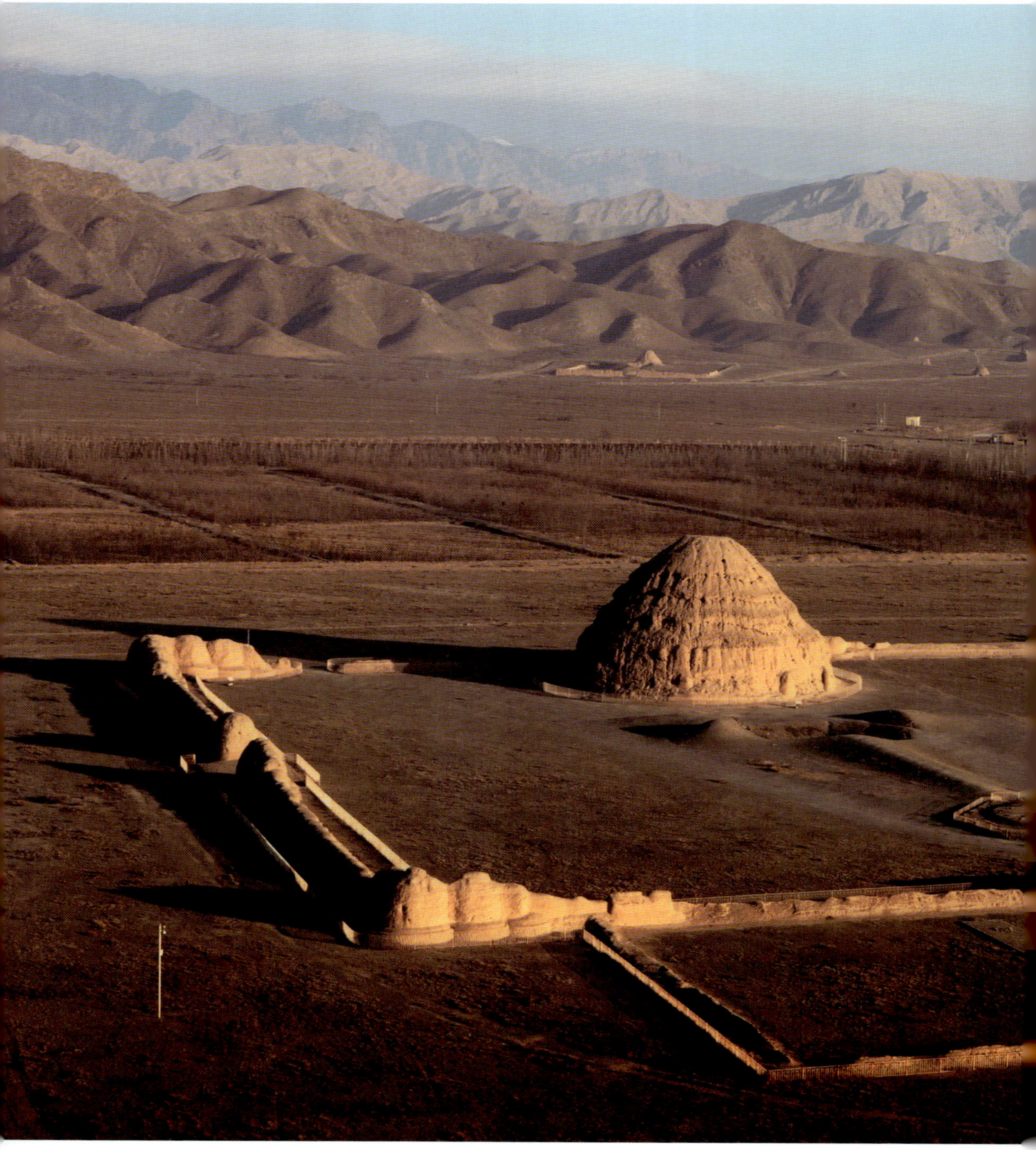

西夏陵

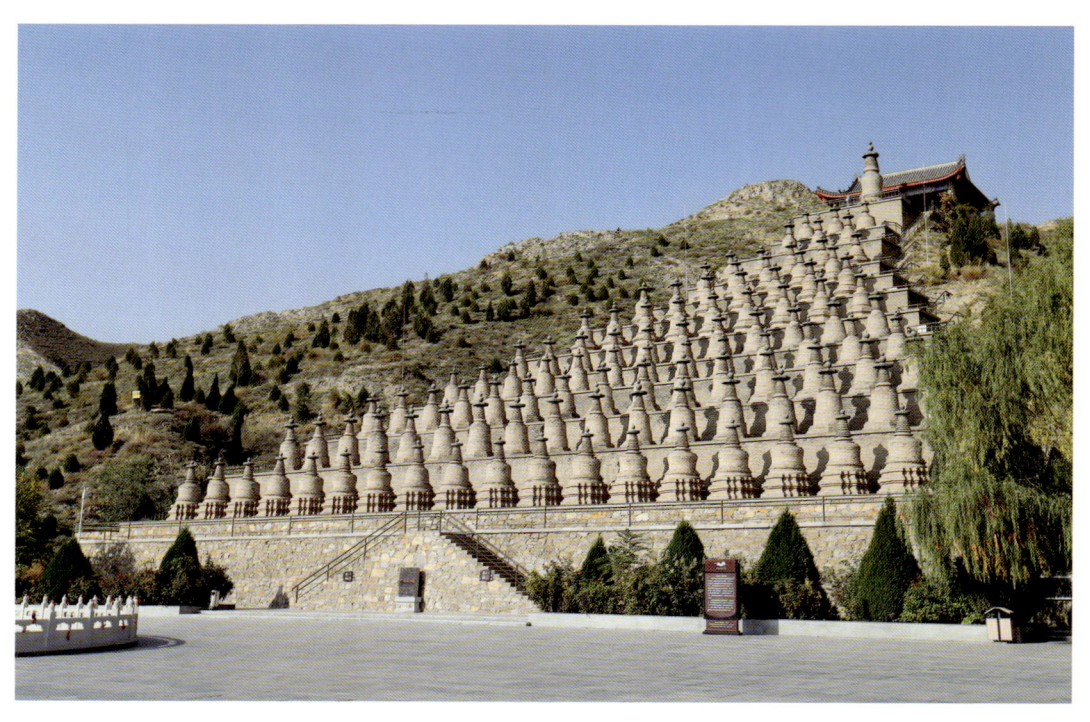

一百零八塔

为贺兰。"后世相沿其说。二是"贺赖"之说。源自《晋书·四夷列传》北狄条匈奴部分的记载："其入居塞者有屠各种……贺赖种……凡十九种"。三是源于蒙古语。蒙古语称骏马为"贺兰"，贺兰山脉山势雄伟，若群马奔腾，故命其贺兰山。

贺兰山脉峰高林密、树木葱茏，独特的地理环境不仅使这里成为动植物的乐园，也成为历史上北方各民族放牧、狩猎的理想之所。考古数据证明，早在四万年前，就有人类在贺兰山一带活动。历史上，羌、戎、匈奴、鲜卑、

拜寺口双塔

突厥、吐蕃、党项、蒙古等诸多游牧民族在这里生活。各民族在长期的生息繁衍、交往交流的过程中，相互交融，成为中华文明的重要组成部分。

遍布贺兰山、绵延数千年、神秘原始的岩画，留存至今、烽火硝烟中诞生的明长城，西夏历代帝王的墓葬群——西夏陵，始建于西夏、规模宏大的喇嘛塔群——一百零八塔，巧妙融合藏传佛教和汉传佛教风格的拜寺口双塔等就是见证中国历史大一统格局进程和众多民族交往、交流、交融的珍贵的实物资料。

广布山崖的刻画文身

贺兰山岩画,从远古走来,是千年万年来人与石的对话。不论一年四季,春夏秋冬,它们静谧地生存在沟沟岔岔崖体的岩石上,作为大山中古老的岩石纹刻艺术,成了遍布贺兰山脉的"毛细血管"。

　　唐代诗人刘禹锡道:"山不在高,有仙则名"。贺兰山的名,不仅来自自然,更是来自遍布山野的文化遗迹和号称"贺兰山文身"的岩画,这些神秘的文化遗存赋予了贺兰山以灵魂和神气。

　　关于贺兰山岩画的最早记载,可以追溯到公元 5 世纪,北魏著名的地理学家郦道元在《水经注》中记载:"河水又东北,历石岩山西,去北地五百里,石上之自然有纹,尽着虎马之状,粲然成群,类似图马。故亦谓之画石山也"。之后的一些史籍和地方志中也有关于贺兰山岩画零星的记载。

　　从现代人易看易记易懂的视角出发,若把贺兰山从北到南分为三段,恰好对应宁夏贺兰山东麓的三个地级市管辖境域,即北段的石嘴山市境、

贺兰山岩画分布主要地点一览表

分布地段	分布地级市	分布县（区市）	分布点	代表
贺兰山北段	石嘴山市	惠农区	麦汝井、翻石沟、大树林沟、小树林沟、沙巴台	黑石峁岩画 双疙瘩岩画
		大武口区	黑石峁、白芨沟、杏花村、归德沟、头道坎、小枣沟、三叉山、三棵松、转弯子、小干沟、三岔口、韭菜沟、石炭井沟、双疙瘩、大武口沟	
		平罗县	大水沟、大西峰沟、高伏沟、沟口外、沟南侧、沟北侧、偷牛沟、西峰沟拐子口、西峰沟岔路口	
贺兰山中段	银川市	贺兰县	大西峰沟、小西峰沟、白虎沟、白头沟、插旗口、小贺兰口、贺兰口、苏峪口、回回沟、大韭菜口、拜寺口	贺兰口岩画
		西夏区	水吉口、滚钟口、红旗沟、柳渠口	
		灵武市	道坡沟、小马蹄沟、马鞍山沟、大岭沟、徐家圈、横沟岩、大双岔沟、二道沟、三道沟	
贺兰山南段	吴忠市	青铜峡市	口子门沟、沙石梁子山、四眼井、车王沟、芦沟湖、牛首山	四眼井岩画
贺兰山南端	中卫市	沙坡头区	苦井沟、大麦地、新井沟、钻洞子沟、大通沟、直隶墩、黄石坡、枣刺沟、石房圈、东沟、葡萄堆、大豁𫭞、石马沟、石羊沟、骚胡槽子、红石水沟、茶树沟、韩索井、南长滩、李家水、暖圈沟、火石沟、小井子沟、南井沟	大麦地
		中宁县	石马湾、黄羊湾	

中段的银川市境、南段的吴忠市境。另外，贺兰山南端的中卫卫宁北山和香山地区大地构造是宁夏南部弧形推覆构造体系的重要组成部分，所以中卫市的卫宁北山和香山岩画可以一并置入贺兰山山系的岩画之中，列为贺兰山南端岩画而叙写，并统一称之为贺兰山岩画。

贺兰山北、中、南段的石嘴山、银川、吴忠和南端的中卫四市岩画分布地貌和状况不同，各具特色。

贺兰山北段石嘴山市岩画

贺兰山北段石嘴山市内的岩画分布在周边十几个山沟的崖体和山坡上，绵延百里，共计1000多幅，颇具代表的是黑石峁岩画和双疙瘩岩画。

黑石峁地貌和代表性岩画

黑石峁岩画位于大武口区西北 12 千米，小枣沟内 5 千米，黑石峁石黑如墨，为岩漆所致。这里山峦起伏，地势险峻，在面积约 400 平方米的范围内散布着大量不规则的黑色石头，岩画就凿刻其上。

双疙瘩岩画位于大武口区石炭井沟东侧的一座山坡上，周边山势陡峭，植被稀少，四面环山。岩画比较集中地分布在山坡的 5 块岩石上，其中 3 块巨石的各个岩面均分布有岩画。岩画图案种类有羊、狼、人面像、马、

双疙瘩地貌和代表性岩画

独立人形、骑士、符号、草木和动物等。

贺兰山中段银川市岩画

贺兰山中段银川市境内的岩画分布地貌特征明显。

贺兰山山沟口共有 12 个岩画点，以苏峪口为中心向北、向南延伸。苏峪口以北至大西峰沟，岩画多分布在沟口内外的山体岩石上，山前洪积扇荒漠草原的单体石头上也有大量岩画分布。苏峪口以南至柳渠口，分布在山体岩石上的岩画数量很少，荒漠草原上几乎没有岩画分布。

分布在沟口内外山体上的岩画，多集中在距离沟谷山根以上约 10 米的范围内，并呈片状分布；分布在崖体最高处的岩画距地面不超过 50 米，50 米之上则很少有岩画发现。

山沟口内的岩画，分布在沟口 500 米的范围内，越深入沟谷，两侧山体上的岩画越稀少。

在山前洪积扇荒漠草原上的单体岩画，有"大分散，小集中"的分布特点，多为可以移动的独石和露出地表的立石。从沟口到洪积扇，岩画的空间分布大致呈现出由密集到稀疏的扇形。

贺兰山中段银川市境内的岩画分布在沟谷两岸的断崖石壁上，是贺兰山岩画最为集中的区域，在大约 10 平方千米的范围内，密集地分布着岩画近 2400 组、个体图像达 6000 幅，典型代表为贺兰口岩画。

贺兰口岩画

青铜峡四眼井鹿、羊图案岩画

贺兰山南段吴忠市岩画

贺兰山南段的吴忠市岩画主要集中在青铜峡。

青铜峡岩画分布没有明显的规律，随地形地貌而就。按其分布的地理环境特点，可分为山坡上、沟口中、峡谷里和山梁上。

山坡上的岩画多分布在靠近草原的半山坡，山前是广阔的草原，如四眼井岩画。沟口中的岩画凿刻于洪水沟两侧，如口子门沟岩画。峡谷里的岩画主要分布在峡谷两侧的半山坡上，如车王沟岩画。山梁上岩画主要分布在山顶上，如沙石梁子岩画。

中卫大麦地岩画环境

贺兰山南端中卫市岩画

贺兰山南端的中卫市岩画主要是指黄河北岸发现的卫宁北山岩画和黄河南岸的香山岩画，主要在辖区内的中宁县和沙坡头区。岩画区属矮山丘陵地带，分布区域约有40平方千米，现已发现岩画点10多个，岩画6000多组，个体图案2万多个。其中，大麦地属于岩画分布的稠密区域。如在一块约10米长的巨石上，刻有不同时期的岩画210多幅，号称"十米岩画长廊"。

石纹一见惊世间

> 贺兰山区的居民，天天与岩画谋面，过着简单而恬淡的生活。他们对这些刻有花纹的石头，或有朴素的猜测、胡乱的联想，甚至无端的诳言，但是终归习以为常地将这些石头画等同为生活中的一部分，直到现代文明的来临……

每一处岩画的发现，都经历了一个或多个复杂的过程，这个过程凝聚着一个人、一个团队或者一次偶然的历程，汇聚起来就是一段故事，就是一页史书。

贺兰口岩画的发现

贺兰口，是贺兰山岩画的密集分布区，地属贺兰县洪广镇金山村四队。这里的居民世世代代以牧业为主、农耕为辅。他们"日出而作，日落而息"，在大山的陪伴下过着平凡的生活。那些不知是什么人、在什么时候、因为什么而刻制的石头画，对于村民来讲，只是在茶余饭后偶然谈起的或者供

贺兰口岩画环境

大家猜测"是什么""为什么"的小话题，虽然有时也会引起一些争论，然而更多的则是将它们视为生活中习以为常的物件，以至于不经意地用这些刻有花纹的石头砌羊圈、垫地基、垒院墙，无人大惊小怪。

20世纪60年代，宁夏地质矿产勘查开发局（2015年更名为宁夏地质局）的工作人员在贺兰山进行矿产资源调查时，已经发现了那些刻画在岩石和石头上的"小人人""小动物"等，只是他们认为这些石画是山中"牧羊者"为打发光阴而刻画在石头上的玩物，可能当时也不知道"岩画"为何物，因此没有给予足够的注意，更没有记录、拍照、研究，也没有对外报道。

1969年春天，贺兰县文化干事李祥石在贺兰县金山人民公社搞"社教"

运动，到贺兰口时，看见山谷里遍布着"石头画"，兴趣驱使他漫步于其中并细心观察研究，但是当时他面对遍地被老乡们认为是"凶画"的石头刻纹也不知这叫岩画。一晃又过了十年，1978年，李祥石无意中在《科学知识》上看到"中国岩画学之父"盖山林介绍阴山岩画的文章，才反应过来贺兰口那些"石头画"就是岩画。1983年6月，李祥石来到贺兰口，开始有意识地调查、记录、研究岩画。9月，他完成了《宁夏贺兰山贺兰口岩画调查报告》。1984年1月9日，宁夏《科学普及》刊发了《李祥石在贺兰山东麓发现古代岩画和西夏文字》的文章，这是媒体首次报道贺兰山岩画。1987年，李祥石在《文物》上刊发了《宁夏贺兰山贺兰口岩画调查报告》，并向宁夏文化部门的领导致函说明。从此之后贺兰山岩画进入科学研究者的视线。

20世纪80年代是贺兰山岩画研究史上的重要时期，主要得益于两次有组织、有目标的调查，即1984年开展的全区文物普查工作和1987年宁夏文物考古研究所组织的岩画调查。1984年，全区开始第一次文物普查工作。贺兰山东麓所在的10个市（县）的文物工作者，栉风沐雨、风餐露宿，不畏严寒酷暑，实地勘察调研，在贺兰山东麓10多个山沟口中发现有岩画分布，从而记录、公布了大量岩画资料，在国内考古、艺术、民族、宗教学界引起了轰动。1987年，宁夏文物考古研究所组织成立贺兰山岩画专业调查组，包括许成、卫忠、朱存世等知名学者，对贺兰山岩画进行有组织的考古勘察调查，并抽调有关市（县）文物工作者，沿贺兰山自北向南对岩画进行全面考察，包括对岩画做现场勘察、编录、拍摄、临摹和制作拓片，初步摸清了贺兰山岩画的底子，揭开了贺兰山岩画的神秘面纱。

1991年10月，"91国际岩画委员会年会暨宁夏国际岩画研讨会"在银川召开，贺兰山岩画越来越广泛地受到外界关注，逐渐享誉天下，驰名国内外。之后，宁夏文物局、宁夏岩画研究中心（宁夏岩画研究院）、银川市文物管理处、银川市贺兰山岩画管理处和北方民族大学等单位，又先后多次对贺兰山全段或局部地段的岩画用现代科学手段进行考察、整理、辑录等，对其遗存和分布情况有了更为翔实的了解。

灵武岩画的发现

灵武岩画的发现很偶然，涉及许成和周兴华二位先生。许成曾先后担任宁夏文物考古研究所所长和宁夏文物局局长。1998年初，因西夏博物馆展览需要泥塑工艺品，他被邀请与西夏陵区管理处的负责人王月星前往灵武马鞍山甘露寺考察泥塑工艺，在马鞍山的沟谷内发现了少量岩画，但大多已被当地撬石者破坏。周兴华于1998年7月31日在《宁夏日报》以《石破天惊——灵武岩画首次面世》为题进行报道，披露了灵武岩画发现的过程和岩画数量。随后，李祥石所著《发现岩画》一书中记录了发现灵武二道沟岩画的情况。2003年7月25日，宁夏《新消息报》刊载《灵武三道沟遗存古岩画》一文，称在距离水洞沟古文化遗址仅5千米之遥的三道沟发现岩画，分布面积10平方千米左右。2005年9月，经宁夏文物局批准，由宁夏岩画研究中心和灵武市文物管理所组成的灵武岩画普查工作组，对

灵武马鞍山沟动物群岩画

灵武马鞍山沟、二道沟、三道沟的岩画展开全面普查，这是首次对灵武岩画进行全面、系统的普查工作。通过这次普查，摸清了灵武岩画的分布区域和数量。从此，灵武岩画同贺兰山岩画、卫宁北山岩画一起作为宁夏的历史文化遗产，受到了外界的广泛关注。

石嘴山岩画的发现

贺兰山北段石嘴山境内岩画的发现者主要以宁夏岩画研究中心等单位为主。1984年全区第一次文物普查时，石嘴山市文物普查队在境内的黑石峁、归德沟、西峰沟、韭菜沟等处发现岩画2000余幅。较为有名的黑石峁岩画就

石嘴山小干沟动物群岩画

是当年6月23日文物普查队发现的，当时共发现岩画60余幅，可辨认的图像170个，画幅最大的宽2.1米，最小的不足0.2米，画面大部分清晰完整。之后，宁夏岩画研究中心对石嘴山境内的岩画进行了专业勘察调查，结果逐步公布于世，其中包括20世纪90年代中期由当地学生来向杰发现的双疙瘩岩画和21世纪初期发现的韭菜沟岩画、白芨沟岩画等。2022年，石嘴山市文物部门在贺兰山小干沟内新发现一处岩画群，岩画主要凿刻在灰褐色砂岩石面上，共有11幅岩画，可辨识单体图像30余个，其中3幅均由超过10个个体图像构成，保存状况完好，分布集中，形象逼真。

青铜峡岩画的发现

青铜峡岩画位于贺兰山南段，其发现和调查研究工作始于20世纪80年代以后，最早发现者是两名军人。1983年7月，宁夏文物管理部门接到原兰州军区某部队刘高明、鲁仲林二位同志寄来的一封信，信中说他们在广武乡口子门沟沙石梁子发现了岩画，并附有一张他们发现的岩画照片。宁夏博物馆考古队随即派吴峰云、许成二人赴甘肃靖远寻找这两位战士，后由刘高明带路找到了这一岩画点。11月，宁夏考古人员对该地发现的岩画进行了调查，在周围又新发现了更多的岩画。1984年，宁夏文物普查工作全面展开，青铜峡市文物普查队在口子门沟又发现了许多岩画。1999年夏秋之际，许成在青铜峡广武乡调查四眼井遗址时，在附近的车王沟新发现一幅岩画，画幅较大，制作艺术水平较高，是岩画中的精品，2007年宁

青铜峡芦沟湖岩画

夏人民出版社出版的《宁夏岩画》一书对此做了介绍。2012年9月宁夏岩画研究中心对青铜峡岩画再次进行调查时，发现了芦沟湖岩画，其中有一幅集人面、人形、动物、符号、射猎、手印等图案于一体的画面，长2.85米、宽1米。画面上方居中有一猎人正在射猎，周边有四个人面像，其中两个似未完成；下方是盘羊、北山羊、羚羊、鹿、马等各种动物和不明其意的符号图像；左上方为大型动物，似鹿，线刻；岩画为不同时期制作。2009年，青铜峡市文物管理所在调查牛首山东寺庙群时，在一块巨石上发现了一组岩画，风格与贺兰口岩画十分相似，在岩面上还阴刻着3个太阳图案，这幅太阳运行图案与牛首山处观测到的太阳运行轨迹基本吻合。2012年9月，宁夏岩画研究中心与青铜峡市文物管理所合作，再次对青铜峡境内分布的岩画进行全面普查。从1983年至2012年，青铜峡地区共发现岩画点6处。

中卫岩画的发现

贺兰山南端中卫市境内的岩画发现主要来自卫忠和周兴华。卫忠1987年从北京大学考古系毕业后被分配到宁夏文物考古研究所工作，他到考古所后的第一个任务就是到中卫市卫宁北山调查岩画。20世纪70年代末，周兴华在香山工作期间，曾听当地群众神秘地说，石马沟里有一大块矗立着的青石板，又光又平，当太阳爬上山顶时，一群"神马"的影子就落在青石板上，活灵活现。一过中午，"神马"就不见了。神奇的传闻，驱使他决心寻找这块大青石板和上面的"神马"。后来，他探寻香岩寺遗迹时，走进了石马沟，终于找到了这块大青石板。时值中午，阳光正好从东方斜射到石面上。从远处看，石板上的图像清清楚楚，何止是一匹"神马"，是几匹，马上还骑着"神人"。走近细看，图像逐渐模糊，用手摸，岩面光滑平整，似乎并无沟槽刻痕。他立即想到了大学时代书本中所看到的欧洲崖穴壁画。欧洲洞穴中有岩画，那中卫的旷野山崖上是不是也有岩画？

中卫大麦地岩画

带着这一疑问，他继续深入考察。1986年上半年，他在勘察原中卫县与阿拉善左旗交界的金矿、草场时，意外发现金矿所在的大麦地竟有许多岩画。顺藤摸瓜，周兴华发现在这荒山野岭中居然还遗存着一个规模庞大、涵盖恢宏的岩画富集区。1987年，他从黄河北岸的西山去甘塘镇北长滩村时，又发现了中卫西山岩画区。

在这之后的四十几年中，中卫文物管理所对中卫岩画进行了调查，宁夏贺兰山和卫宁北山等地不断有岩画被发现。通过大量的实地调查，文物部门发现中卫境内的岩画遗存有6000多幅。

古人生活的心路石作

千万年来，数以万幅的岩画被纹刻在山体或单体石头上，记录了人类不同时期的放牧、狩猎、祭祀、争战、舞蹈等生活场景，以及常见的羊、牛、马、驼、虎、豹等多种动物图案和一些抽象的象形刻画符号等，揭示了当时人类的生存环境和内心世界。

岩画，是反映人类生活和精神情感的"原始语言"，是将人类认识、感知、表达主客观世界和精神生活的内容刻画在石头上的记录行为，具有丰富的内涵和复杂的内容。

一般而言，世界上大多数岩画的内容可以归纳为三个基本主题和五种主要题材。三个基本主题即性、食物、土地；五种主要题材即拟人形、动物形、自然天体、工具和物体、几何图形和图形字母。

贺兰山岩画的内容大致描绘了当时的经济和社会活动及人的观念、信仰和实践，丰富而有趣，是今人探究古人心路历程的"石书"。据今人研究，贺兰山岩画大致可以分为五个时期，即石器时代、青铜文化时期、汉唐宋

贺兰口动物图案岩画

时期、西夏时期、元明清时期。

按照岩画生存的地貌来划分,贺兰山岩画内容可分为三类:草原岩画、山地岩画、沙漠丘陵岩画。草原岩画主要分布在贺兰山北段的石嘴山市境内,内容以森林草原各种野生动物、家养牲畜为主;山地岩画主要分布在贺兰山中段的银川市境内,多凿刻于深山腹地的崖壁上,内容多以各式人面像为主;沙漠丘陵岩画主要分布于贺兰山南段吴忠市境内和南端中卫市境内卫宁北山,内容以放牧和羊、马等动物形象为主。

从社会学的角度来看,贺兰山岩画内容可分为狩猎者、游牧者、混合经济者、农耕者的刻画。

小水沟狼图案岩画

　　狩猎者刻画的岩画是贺兰山岩画的重要内容和类型，占有比例较高，主要以远古时代的狩猎活动为主，从猎取个别大型动物发展到猎取成群的动物，包括野牛、老虎、马、角鹿、羚羊等，伴随着舞蹈、争战和交媾等内容和一些符号。

　　游牧者刻画的岩画表现了畜牧和家庭生活为主的青铜时代的游牧文化。在这里以草原上的牛、羊、马、鹿等食草动物和豹、狮、虎、狼等猛兽形象为主，还有脚印、人面、祭祀、图腾崇拜物及塔、符号等图案。

　　混合经济者刻画的岩画既有农耕生产的内容，又有游牧的题材，还伴有狩猎的形象，内容具有复杂的混合经济特点，反映的是历史时期生活在

中卫母子狗图案岩画

这一带的游牧民族的社会生活和情感历程，舞蹈、游牧画面较多。

农耕者刻画的岩画表现比较复杂，生活在贺兰山一带的族群拥有了较为丰富的物质文化后，逐步掌握了工具和武器的制造，农业与畜牧经济并存。这一类型的岩画图案具有丰富的精神文化生活内涵，有植物、建筑、放牧、飞禽、舞蹈娱乐、图腾、自然崇拜、祖先崇拜、祭祀等图案，甚至还出现了一些抽象的表意符号、几何纹样和图案，反映出当时生活内容的多样性。

以岩画的主要图案类别而言，贺兰山岩画可分为射猎、动物、放牧、骑马、生殖、人形、争斗、符号图案八类。

射猎岩画以单独狩猎图案为主，射猎场面中也有骑马射猎的情景。这

中卫大麦地射猎岩画

些射猎岩画所表现的内容基本相同，画面结构、持弓射箭的动作、人和动物的形态变化都不大，但均呈动态，较为生动。中卫大麦地的拉弓狩猎图案较为典型。

动物岩画以贺兰山岩画中的数量为最多，多为各种常见的驯养家畜，有少量凶猛野兽，还有一些形象怪异的动物。动物中以羊最多，鹿、马、虎、牛、骆驼、狗、狼、野猪等次之。有单体动物图案，也有不同类型的动物组合在一起的图案。

放牧图案内容比较丰富，放牧有牧羊、牧牛、牧马等场景，也有表现放牧人与畜群混合在一起的比较完整的生活情景。大西峰沟的牧马图颇具代表。

骑马岩画中一般马身较长，形象抽象夸张。骑马者身体呈"十"字形

大西峰沟牧马岩画及拓片

前倾横跨于马背上，动感十足；也有骑马者身体前倾、双臂微张的形象。多数马身上备有马鞍。

有关生殖岩画的图案主要有三种类型：类人形交媾，性别特征不明显，但表现方式是赤裸裸地显露出夸张的生殖器和与生殖有关的部位；动物交配，多为羊；类人形与动物交配的场景。

人形岩画包括类人形和人面像。类人形岩画是指其形象类似于人体形状，只粗略刻画全身不刻画人面细部，少数刻画出手指和脚趾。表现对象多是猎人、牧人、舞者，以单体或三五个人出现在画面中。人面像数量较多，总的特征是以人的面部特征为基本构图，没有身体躯干，只体现出面部轮廓和脸部构造，面部轮廓多为椭圆形和圆形。

争斗岩画有械斗和部落战争图案。与狩猎不同，这类岩画反映了个人或家庭或部族之间为了某些利益而进行的争斗事件，是人与人之间的互相残杀，是社会矛盾冲突的最基本形式。

图案符号有单体出现的，也有两个以上相连的；有和其他题材一起作为画面中心出现的，也有仅作为动物图案的装饰出现的。符号岩画图案种类繁多，如涡纹、条带纹、几何符号、圆圈和一些不定型的抽象花纹、类似象形文字形状的符号等。

从文化人类学角度来分析，贺兰山岩画中流行着浓厚的巫术之风，突出的反映就是存在大量图腾崇拜图案，另外，还有自然崇拜、生殖崇拜、祖先崇拜等图案。

灵武马鞍山沟人物交媾图案岩画

图腾记载和反映了早期人类朴素的思想意识，表达的是人的精神世界、思想轨迹和发展历程。人类早期的社会群体和某种特定的动植物之间，有着巫术的或宗教的象征关系，这种特定的动植物就是图腾，即图腾崇拜的对象。

自然崇拜，是先民们在同大自然的斗争中，对客观世界愚昧无知的情况下，将自然物人格化的一种社会行为，是原始人类的观念和信仰的体现。贺兰口的太阳神岩画就是自然崇拜的典型代表。

生殖崇拜是人类早期比较流行的母题崇拜，主要表现形式是突出动物或

中卫人形岩画

者人类生殖器。类似裸体人像、夸张生殖器、交媾图等反映生殖崇拜的图案在贺兰山岩画中数量较多。中卫卫宁北山坡有幅双乳饱满、大腹便便的女性裸像,是典型的生殖崇拜图像,有人称其为"神秘的维纳斯"岩画。

贺兰山岩画中存在大量人面像,具有祖先崇拜的意蕴。石嘴市大武口区归德沟的干沟半山腰一个狭长的斜面上,密集排列有14个人面像,每个人物的面部表情都非常丰富。其中有一幅,头部周围布满形似花瓣的圆形装饰图案,很

石嘴山归德沟人面像岩画

可能是部落首领,其表情庄重、目光深邃,体现着尊贵与威严。

贺兰山岩画存在着大量的原始象形符号图案,这些图案印证了岩画是以图画形式作为早期人类的记事方式,并以此相互进行交流。这些刻画符号应该对中国象形文字的产生起了重要作用,很有可能是象形文字的母体。

技术与造型的合璧

当我们穿梭在山沟间，走近峻峭崖壁，凝视岩石上遍布的古朴凝重、风格迥异的岩画，常常会情不自禁地陷入沉思和遐想——当时的人们，究竟通过怎样的手段将自己的喜怒哀乐、情感世界、生活状况、信仰崇拜刻画在石面上，以岩画为媒介表达自己的世界的？

一般而言，中国岩画的制作，主要为岩刻和颜绘。岩刻是早期制作岩画的方法之一，即用石锤或质地比较坚硬的工具在岩石表面凿刻图形，有的还进行磨光处理。颜绘是用颜料在岩石表面绘画，主要用于岩面大且粗糙的山地岩石。

贺兰山岩画从岩刻技术手法而言，其与中国北方其他地区的岩画一样，运用敲凿（用工具的锥尖部，在石面上直接锤打出麻点或凿点，由麻点或凿点形成图画）、磨刻（用石器或者金属器在硬度较低的石面上来回摩擦而制成图案）、划刻（用坚硬的工具在岩石石面上刻画出图案轮廓）等主要方法，在崖壁上、石面上，年复一年地刻制出数以万计的图案。

贺兰山岩画制作想象图

中卫敲凿刻制作的牛图案岩画

贺兰口划刻的动物图案岩画

  贺兰山岩画大多属于岩刻岩画，20世纪90年代初期在贺兰山北段石嘴口大武口区白芨沟内的崖面上发现了彩绘岩画，这是贺兰山唯一的彩色涂绘岩画。岩画分布在一处坐西向东的岩棚后壁上，在高8米、长10米的崖面上，用赭石涂料绘制而成，共有37组，100余幅，内容以放牧、射杀、手印为主。其中放牧画以牧马为主，几乎没有羊只，这是该绘画的一大特色。

石嘴山白芨沟彩绘人形图案岩画

贺兰山岩画从刻画的基本形式而言，主要有凹文和凸文两种。凹文是指用一定工具敲凿或刻出凹槽或者说低于基础平面的三度视觉空间形式。凸文是指用一定工具雕刻出凸出或者说高于基础平面的三度视觉空间形式。贺兰山岩画比较普遍存在的是凹文，仅有少量凸文。

贺兰山岩画从制作的表现手法、造型、结构、装饰风格等方面而言，

青铜峡四眼井凸文骑马图案岩画

都显示出了自身独有的特性。

从表现手法讲，贺兰山岩画将写实主义和象征主义风格结合，呈现出多姿多彩的图画。其中，以写实主义风格为主，许多动物图案从现实生活中可以找到原型。创作者先简略地勾画出图案基本轮廓，又较为准确地表现其突出特征，如鹿和羊的角、马和山羊的腿、野猪的鬃毛、虎豹的斑纹等，整体质朴简练、灵动鲜活。其象征主义风格，就是对图案特征性部位做夸大处理，使之产生抽象意义，其中以人面像、太阳神最为突出。许多人面图案，人物面部往往没有细致刻画，有的躯干也予以忽略，而其面部大多综合太阳的形态特征，突出表现其双眼和太阳的光芒，给人以庄严、肃穆、神秘的感觉。

从制作的造型讲，贺兰山岩画不论是构图还是具体形体的塑造，都取平面造型。画面一般无一定布局，在一幅图画中，各个图案往往是一些互不关联的单个形象，即使是内容不同的两组图案之间，也无明显界限，甚至有重叠现象，在较大画面中常发现有多次作画的痕迹。只有少部分

中卫香山野猪写实岩画

画面，各个物象的位置和形体尺寸事先经过一番安排。

从岩画的结构讲，贺兰山岩画千类万象，奇古生动，或羊或人，或马或虎，形体或正或斜，各尽物形，在同一岩画里表现出各种元素或成分之间的交替运用。贺兰山独体岩画式样结构上的一个显著特征，就是由点特别是各种线交替结构组成，彼此之间有缓有急又有着关联和照应，反映出异形元素之间的互映和谐，以及同一形式元素之间的匀净，点画交替且工整精严。

从岩画的装饰风格讲，将自然形象加以升华后创造的新形象，以简略的手法抽象变形，反映出对该事物的极度重视。例如有的图形是将某种动物的个别部位，高度概括后抽象变形，形成类似几何图形的图案组合；有些图形将人和动物的面部进行局部夸张变形，高度概括了人物和动物重要特征。

岩画中最具诱惑力的，除了直观的视觉图腾，还有那些质朴、流畅的线条。创作者刻画时很注重物象本身及其内涵，最后简化、提炼、概括出物象最基本的外形特征。

百兽之王的印记

> 早在3万年前,贺兰山一带就有老虎活动的轨迹。在很长的历史时期,凶猛、矫健的老虎都是中华文化中常见的吉祥元素,它以百兽之王的形象,寄托着人们对美好生活的向往与追求。

贺兰山岩画中,猛兽图案较多,除了大家都熟知的豹、狼之外,虎形图案也不少。

虎,因其前额上的花纹酷似汉字"王",故有"兽中之王"之称。我国早期象形文字中,"王"形似斧钺——一种作战用的工具,象征王权,后将最高统治者称为"王"。"虎,山兽之君也。""虎者,阳物,百兽之长也,能执搏挫锐,噬食鬼魅。"在中国人心里,老虎力大无穷、行动迅猛,是充满阳刚之气的猛兽。岩画中虎形图案体现了原始社会的虎图腾崇拜,是古代人类征服自然、降服猛兽后,用于辟邪禳灾、趋吉降福等祭祀活动的产物。

在我国北方岩画系统中,虎是一个常见的题材。据目前公布的资料表

银川世界岩画馆会老虎图谱

贺兰口虎形图案岩画

明，在宁夏、内蒙古、新疆、青海以及西藏的岩画分布区域，都发现有虎形图案的岩画。其中，在宁夏贺兰山岩画中有30多幅，内蒙古阴山岩画中有20多幅，内蒙古巴丹吉林沙漠岩画中有9幅，内蒙古乌兰察布岩画中有6幅，新疆阿尔泰山天山岩画中有10多幅，青海有18幅。贺兰山岩画中的虎图案，不仅数量多，而且在题材上、表现形式上都具有非常鲜明的特点。

贺兰山岩画中的虎形图案造型丰富，大多刻制在单独的巨石之上，制

贺兰口"镇山虎"图案岩画

作精美,以螺旋线表现老虎前后肢发达的肌肉,虎的躯干上则布满带有一定弧度的条纹,在展示老虎壮硕身躯的同时,也将老虎黑黄相间的条纹状皮毛表现得淋漓尽致,而这也是区分虎形岩画与豹形岩画的重要标识。贺兰口虎形图案、"镇山虎"图案、中卫虎噬羊图案、猎虎图案,石嘴山大西峰沟巨虎图岩画,等等,都是虎形岩画的代表。

贺兰口虎形图案岩画,刻画于山口北侧石壁下方的巨石上,构图简单,虎的身体挺拔、双眼圆瞪，虎头微微低垂，嘴巴大张着好似在撕咬着什么，一幅简简单单的画展示了老虎威猛的气势与健壮的身躯。虎的右下方有一个圆环，右侧有一个缺损的同心圆，由虎头延伸出的几条线将老虎与圆环、人面像连在一起。有学者认为这是一幅虎在撕咬、食人的图案。

贺兰口"镇山虎"图案岩画，刻画于沟口北侧山体山根处一块面东的脱落巨石上，在贺兰山虎形图案岩画中最具代表性，是虎形岩画中的精品。虎的形体较大，线条宽粗、流畅，以平行的折线与条带表现虎的身躯，两个螺旋状的纹饰形象生动地展示了老虎壮硕的腿部肌肉，似乎能够想象出这只老虎的强大力量。虎的前后腿上端的身躯部位呈螺旋状，中端躯体则用直线，从身躯至颈间刻画出一个明显的夹角，使得头部高高昂起。整体上刻画出同心圆、直线、螺旋纹等多种符号。可以用虎躯硕大、虎爪锐利、虎尾弯曲、虎牙锐利、虎目雄光来形容这只镇山虎，老虎强健、勇猛、威武的王者之气跃然石上。

中卫的虎噬羊图案岩画，生动地刻画了一只猛虎在撕咬羊的画面。画面以写实的手法刻画了老虎张嘴吃羊的动态，整体阴刻，神形细腻，而羊的刻画却偏抽象，整幅图写实与抽象相映成趣。

贺兰山岩画中的虎形图案，见证了贺兰山一带生态环境的变迁和老虎活动的历史。远古时期，贺兰山就有老虎出没，明清时期，贺兰山的老虎还没有绝迹。岩画中大量的虎形图案不仅为研究贺兰山在远古时代至近代的生态环境变化提供了珍贵的第一手资料，而且为原始先民在贺兰山创

中卫虎噬羊图案岩画

作大量以虎为题材的岩画提供了动物考古学上的依据。

贺兰山岩画中的虎形图案，尤其是那些独立的图案，与我国商周时期青铜器上的虎形纹样极为相似。岩画中的"镇山虎"就是以旋涡纹勾画其前胸和后腿的肌肉，用曲线、斜线、折线刻画其身上的斑纹，线槽繁复，造型华美，与商周青铜器上的虎纹图案有异曲同工之妙。特别是虎口大张、利牙外露的形态，与西周铜镜上的虎口刻画极为相似。

在我国民间传统观念中，老虎与人们的生活有着密切关系。人们在崇拜勇猛威武的虎时，将虎的形象附会于某些神灵，从虎图腾崇拜衍生到"四神"崇拜，一脉相承。（白虎同青龙、朱雀、玄武合称为"四方四神"，"白

中卫猎虎图案岩画

虎"为西方之神。）

我们从甲骨文中，看到"虎"字的象形；从商周的青铜器中，领略"虎"的神韵；从春秋战国的铜符虎、铜虎节，虎头带钩上，感受"虎"的威严；从汉代的画像砖、刻石上，体会"虎"的风采。霍去病墓前的大型石雕、敦煌莫高窟中的七彩壁画、民间各种工艺门类、历代画虎名家的丹青佳作等，无一不是虎形象的艺术精品。人们将横扫千军、威仪雄健的常胜将军

石嘴山大西峰沟巨虎图岩画

称为"虎将",骁勇善战、冲锋在前的武士称为"虎贲",忠勇刚烈、不徇私情的大臣称为"虎臣",志向远大、刻苦学习的孩子称为"虎子",等等。虎的形象,真的称得上蔚为大观,异彩纷呈。人们敬虎、颂虎、爱虎、畏虎的习俗,早已延续在中华民族的精神生活之中,成为千百年来独特的文化现象。从古至今,人们用虎的形象传递着爱慕与祝福,借虎的形象反映着追求与眷恋,把虎的形象作为威严权力的精神依托。

捕猎圣兽的踪影

豹子以完美的体型、惊人的速度和凶猛的力量，不论是在东方世界还是西方文明，备受人们的崇拜。"大人虎变，小人革面，君子豹变。"中国传统文化中的豹子，有着君子的品格。贺兰山岩画中的豹子，再现了千百年前动物原始、自然的风貌。

  食肉的猛兽是远古人类崇拜的主要对象。贺兰山动物岩画中，豹与虎的形象图案较为多见。这些猛兽岩画不仅反映了人们对力量、速度的崇拜，更表现出人们希望从这些动物中汲取力量的巫术思想。

  贺兰口岩画中有一幅猎豹图案，磨刻而成，画面刻痕清晰、完整，线条流畅，将猎豹尖锐的獠牙、健壮的肌肉、流线型的身躯、有力的四肢、修长的尾巴完美地展示了出来，再现了千百年前猎豹的凶猛气势，让后人不禁感叹古人天才般的创造力。

  灵武二道沟发现一幅豹子图案岩画，画面岩石长约 0.64 米，宽约 0.69 米。画面中有豹子 2 只，大角羊 3 只，环形符号 1 个；羊分别表现为单角

贺兰口猎豹图案岩画

双腿和双角双腿；豹子的身体部分用粗线条勾勒出轮廓，轮廓内刻画有折线纹，仰脖抬头，嘴微张，尾巴较长自然下垂，腿前倾，夸张表现出爪部，造型优美；符号是用较粗的线条勾勒出环形图案。所有岩画个体均用密点敲凿法制作，线条边缘轮廓整齐流畅，应属于我国史料中记载的"金钱豹"。

豹，这种敏捷凶猛的野兽广泛分布于亚洲、非洲，但其形象却出现在世界各大文明中。亚洲、欧洲、美洲、非洲存在着形形色色的与豹子有关的民间传说和文物。

中国古代的动物文化中，豹一直是寓意吉祥的存在。从皇家宠物到武官补服，再到"君子豹变""南山豹隐"，不论是历史记忆还是文化传承，豹都不曾缺席。商朝时期，已有关于豹子的文字记载，《韩非子·喻老》

灵武豹子图案岩画

说:"昔者纣为象箸,而箕子怖。以为象箸必不加于土硎,必将犀玉之杯;象箸、玉杯必不羹菽藿,则必旄象豹胎"。意为商纣王得到一双象牙筷子,叔父箕子听说以后大为恐惧,说用象牙筷子就得用玉杯,用玉杯就得吃旄(牦牛)、象、豹胎(豹子的胎盘)。

在我国,猎豹是个不折不扣的外来户。驯豹术与猎豹一起,在中西交

贺兰口金钱豹岩画

流中被作为西域特色的贡品献给开放的大唐，风靡一时。猎豹毛色淡黄并杂有许多小黑点，与中国本土金钱豹通体遍布铜钱状斑点的样子不同，又被称为"文豹"或"金钱豹"。

今天，见于岩画中的各种豹子图案，是豹子在我国大地上生存发展的弥足珍贵的实物资料。

贺兰山中的攀岩高手

> 羊，是较早被人类驯化的一种家畜，儒雅温和、温柔多情，深受人们的喜爱。从甲骨文的『羊大为美』到民间的『三阳（羊）开泰』，羊以安泰、祥和的形象寄托着人们期待兴旺发达、诸事顺遂等美好愿景。

　　在岩画世界里，从欧洲的洞窟，到非洲的草原；从中国的高山，到法国的深海；从贺兰山的动物岩刻，到花山的动物彩绘，幅幅制作精美、活灵活现的动物岩画向我们展现了远古时代广袤大地上绿草成茵、山清水秀、动物成群的壮丽场面。可以说，岩画中如果没有了动物，就像自然失去了色彩。各种各样的动物图画，就成了岩画的一种恒定题材。在我国的岩画中，动物图的分布范围和数量相当可观，几乎各地的岩画画面中都有动物形象。尤其是北方地区，动物岩画占有相当大的比重。这些动物图案中出现次数最多的是岩羊、鹿、野马、北山羊、骆驼和虎等。

中宁石马湾北山羊图案岩画

贺兰山及其以北卓子山一带岩画中的动物形象,有北山羊、岩羊、羚羊、盘羊、黄羊、绵羊、藏羊、牛羚、梅花鹿、马鹿、狍、牛、牦牛、骆驼、狗、狼、熊、野猪、虎、鼬、跳鼠、蛇、鹰、雀、鹤等哺乳类、爬行类、鸟类三大类动物。这些动物形象中既有家养牲畜,又有野生动物,以野生动物为多,羊便是其中之一。

贺兰山雄浑苍莽,山势险峻,但这些险山峻石仅针对我们人类而言,在贺兰山中生活着一种动物,在险峻陡峭的山崖上如履平地,这就是人们常说的山中攀岩小精灵——岩羊。岩羊是牛科岩羊属下的物种,同时也是亚洲独有的一种哺乳动物,主要分布在我国西部、印度北部以及尼泊尔的山区,其中以宁夏贺兰山的野生种群数量和密度最大。作为山地动物,岩

中卫群羊图案岩画

羊主要栖息在海拔 2100—6300 米的高山裸岩地带，故称之为"岩羊"。岩羊的身体毛发主要以青灰色为主，头部的颜色略深，腹部的毛发多以黄白色为主。成年岩羊的体长在 1.3 米左右，体重在 70 千克左右。

岩羊属于典型的群居动物，如果族群中有同伴丧生，它们会将死去的同伴团团围住，不让秃鹫分食同伴的尸体。作为一种食草动物，岩羊主要是靠岩石缝隙或者高山草甸上的草为食，栖息环境比较恶劣。但复杂的地形加之它们与山岩相似的体色，也让它们减少了来自食肉动物的威胁。

岩羊是一种蹄行动物。作为哺乳动物三大行走方式（蹄行、跖行、趾行）

银川世界岩画馆绘羊图谱

石嘴山小水沟单体羊图案岩画

之一，蹄行动物最大的特点就是用趾甲也就是蹄子前面最尖锐的部分走路，这种行走方式的好处就是脚与地面的接触面积较小。况且岩羊的两个脚趾可以分开，这样就可以保证它在岩石缝隙中固定自己的身体。因此，在我们眼中看来非常陡峭的山，在岩羊眼中实际上都是一个个的"小阶梯"。

岩羊是贺兰山中的"土著"居民，贺兰山众多的岩羊岩画就是其生活的真实写照。贺兰山岩画中除了岩羊图案外，还有诸多以羊为题材的图案。其中的典型代表有石嘴山小水沟单体羊图案岩画、宁夏博物馆藏群羊图案岩画、贺兰口的驴羊图案岩画等。

宁夏博物馆藏群羊图案岩画

　　石嘴山小水沟单体羊图案岩画，画面以一只羊为主体，只见青灰色的石面上清晰地磨刻着一只大角羊，羊角硕大，羊尾翘起，画面整体形象而且非常简洁。

　　宁夏博物馆收藏有一幅群羊图案岩画，在这幅图中我们可以看见有的岩羊在上山，有的羊在下山，还有的羊在觅食，展现了群羊嬉戏、欢腾跳跃的场面。1991年这幅岩画被再次创作为生肖邮票在全国发行。相似的群羊图在石嘴山、中卫等地岩画中多有出现。

　　贺兰口驴羊图案岩画中将一只羊与一头驴放在一起组成了一个画面，

贺兰口驴羊图案岩画

生动而有趣。细看驴羊图案岩画，只见画面中间有一头驴，这头驴头正面向山谷，四肢呈现交叉状，好似在背负着什么缓慢前行；在它的上方就刻画着一只羊，羊的体型较小，头部平缓，身体姿态放松，似乎安静地卧在驴的背上；在图的右上方还有一只鸟儿，正在扑扇着翅膀在驴的前方飞翔，好似在给驴指引着方向。透过这幅岩画，我们仿佛能够看到千百年前古人生活的一个场景：驴的主人将一只小羊放在了驴的背上，带回住所。由此，我们可以推测出来，在那个时代，驴已经能够作为一种力畜帮助人类运送

灵武马鞍山沟岩羊图案岩画

物资。我们甚至能够透过这幅岩画,看到古代人类对于野生驴的驯化过程。

据考证,距今 6000 年前人们通过对野驴的长期驯化而产生了家驴。家驴的最古老遗骸来自 6000 至 5000 年前的埃及,稍晚出现在美索不达米亚平原和周边地区。我国已有 4000 多年的养驴历史,是世界主要产驴国之一。驴是经丝绸之路从中亚走入我国的,起初引入的驴多集中在关中地区,以后向北、向东扩散,逐渐演变为渭河流域、黄河中下游平原的关中驴、德州驴,华北、西北、陕北、陇东的佳米驴、庆阳驴,等等。时至今日,

贺兰口双羊出圈图案岩画

我国农村的部分地区，驴仍然作为一种重要的牲畜，活跃在人民的生产生活中。

贺兰口岩画中有一幅双羊出圈图案，较为独特。画面右侧的两只羊形象生动，刻画细微，硕大、坚挺的生殖器表达着古人对生殖的崇拜，祈求上天能够壮大畜群，从而满足人们的生活需要。画面左侧的图案似乎是一座方形羊圈，羊圈的出现表明当时人的生产生活方式已经由狩猎转向了畜牧，而这无疑是人类文明进步的重要标志。

贺兰山是岩羊生活的天堂，当人们欣赏古老的岩画时，一只只鲜活可爱的岩羊会伴随在人们身边——有的岩羊登高眺望静观人群，有的穿过人群到小溪边饮水，还有的向人群寻求食物。但在20世纪80年代之前，人们一度对野生岩羊进行过度的捕猎，较为严重地影响了岩羊种群的增长。20世纪80年代开始，岩羊得到了《野生动物保护法》的有效保护，种群得到恢复，数量有了增长，和人类相处也更加亲近、更加和谐了。

神、人之间的使者

早在史前时代，先民就把鹿当作自己部落的守护神；历史时期，民众常常将鹿视作王权或者地位的象征；今天，各种各样的鹿元素继续融合在中国人的生活中。时光荏苒，但有关鹿的形象始终与纯良、友善相关。

在我国的历史长河中，鹿文化有着悠久的历史和丰富的内涵。新石器时代的彩陶上，鹿形图案生动活泼；夏商周时期，商纣王曾兴建了规模宏大的宫苑建筑——鹿台，用来积蓄财物，满足个人私欲，而当时的青铜器上，或肃穆或自然的鹿图案比比皆是；秦汉时期，瓦当、画像砖上的鹿纹精美奇幻，这时，鹿已作为瑞兽和仙兽，成了人们想象中理想的升仙工具之一，以至于汉武帝时期，为解决财政亏空问题，对各地王侯宗室发行白鹿皮币；魏晋之后，性情温和的鹿被赋予浓厚的宗教色彩，常在寺窟的壁画中出现，鹿文化逐渐走进平民世界；隋唐时期，鹿的形象受外来文化的影响，出现与以往不同的风格，主要附着在金银器和陶

银川世界岩画馆绘鹿图谱

077

瓷上，造型优美典雅；宋元时期，鹿开始以谐音的方式与其他吉祥元素组合出现；明清时期，鹿的形象逐渐可爱小巧，民俗年画中将鹿和其他吉祥元素组合在一起，装饰着普罗大众的生活……

鹿在我国哲学思想文化中，也有着丰富的内涵。古代"四灵"中龙和麒麟都有鹿的特征；鹿是古代帝王仁德的象征，白鹿的隐现常常被附会为检验帝王德政好坏和上天意志的表征；白鹿，人们称之为"仙鹿"或"天禄"，被视为吉祥神奇的瑞兽，据说老子就经常乘白鹿出游，所以在道家文化中，鹿常常为仙人的坐骑。"诗仙"李白一生热衷于寻仙问道，在《梦游天姥吟留别》中就有"且放白鹿青崖间，须行即骑访名山"的名句，颇有幽居山林、安于自然、恬静无为的道家气息。

在我国民间，存在大量的鹿与其他吉祥动物相搭配的纹样。例如，鹿与鹤的组合就是"鹤鹿同春"，鹿与松树的组合就代表着"益寿延年"，鹿与蝙蝠组合就是"福禄相连"……时代在变化，不同的思想文化使得大众对于同一图形符号有着多种理解，而鹿总是将美好纯良的形象烙印在大众内心。

历史上，在古代北方游牧民族中，鹿不仅是人类狩猎的对象，也是崇拜的图腾和仪式中的重要祭品，还成为生命力旺盛的标志和福禄的象征。突厥、蒙古和满－通古斯等阿尔泰语系诸部落皆以鹿为图腾。因此，至今发现的鹿形象的图形或器物也多位于北方游牧民族地区。先秦时期，生活在今天宁夏境内的犬戎就是以"狼""鹿"为图腾的游牧民族。近年来，

中卫大麦地单体鹿图案岩画

宁夏境内考古出土大量的春秋战国时期的鹿形饰件，就充分证明了当时生活在这里的戎人部落对鹿的崇拜。在宁夏及周边区域，汉唐时期的金银器造型艺术、宋辽金元时期的器物装饰，直到近现代的民俗装饰风格，或多或少都蕴含有北方游牧民族鹿元素图腾艺术的吉光凤羽。

鹿，在我国岩画动物图案中较为常见，并占有较大比重。在内蒙古阴山岩画、贺兰山岩画等的鹿图案中，往往具有图腾崇拜的色彩——鹿的身躯被夸大，几条折线表现出鹿有力的双角，有意识地突出动物的本性特征。如中卫大麦地岩画中的单体鹿图案，形象生动、逼真，鹿角硕大，鹿嘴微张，蹄印清晰，做奔跑状。中卫大麦地的双鹿图案岩画颇具代表性，有学者分

中卫大麦地双鹿图案岩画

析这是对鹿图腾的崇拜，表现出鹿在原始人心目中的尊崇地位。就这样，鹿图案从原始的岩画中不断演变，从简单抽象到具体生动，从原始图腾崇拜演变出各种寓意，在被赋予了不同的文化内涵后，还衍生出丰富多彩的文化现象。贺兰山岩画中的鹿图案，广泛分布在石嘴山、贺兰口、中卫、灵武、青铜峡等地，不仅数量多，而且文化意蕴丰厚，如石嘴山小水沟群鹿图案、贺兰口父子鹿图案、贺兰口鹿形图案等。

在中卫大麦地和灵武、青铜峡岩画中，鹿和羊经常同处一个画面，表现出了鹿与羊和谐生活的场景。

中卫大麦地鹿、羊图案岩画

青铜峡四眼井鹿、羊图案岩画

石嘴山小大沟群鹿图案岩画

贺兰口父子鹿图案岩画

  贺兰山北段石嘴山小水沟的群鹿图案岩画,细腻精致,制作者以精湛的艺术手法突出表现了鹿的形象特征,画面中鹿的长角竖立,吻部超前,做奔跑状。

  贺兰口父子鹿图案岩画,布局工整,中间上方是一头身材矫健、鹿角向上、生机勃勃的雄鹿,在它的下面还有三只形态生动可爱的小鹿,可惜由于风雨剥蚀,小鹿已经有些看不清了。这头雄鹿的形象和中亚地区出土的古代匈奴铜牌饰上鹿的形象很相似,因此有人把这类岩画称为"匈奴风格"的岩画。

  贺兰口鹿形图案岩画的画面中心位置是一只雄鹿,它的鹿角高昂,体态丰盈,整幅图的线条流畅,展示出制作者的高超技艺。鹿作为草食性动物,

贺兰口鹿形图案岩画及线描图

通常生活在森林中，也有的生活在苔原、荒漠、灌丛和沼泽地带，为了抵御肉食动物的袭击，它们大多数会选择群居。这幅画不单单能看到数百年前一个鹿群的蓬勃生机，更可以反映出刻画者的细致观察力与高超的描绘水平，以及当时人与自然的和谐共处。

085

追风踏月的伴侣

> "望如骏马永当先,呼啸昂扬宁夏川。"据说,贺兰山山色青白,山势雄伟,若群马奔腾,而蒙古语称骏马为"贺兰",故有其名。传说不一定正确,但是马在贺兰山区域居民的生活中占据了重要地位却一定是正确的。

马作为人类早期驯化的"六畜"之一,自从驯化后便成为人类的忠实朋友,在人类生活中发挥着重要作用。我国古代北方游牧民族的生活更是倚重于马,这在我国古代北方岩画中已得到印证,内蒙古、宁夏、甘肃、青海和新疆岩画中普遍出现牧马等反映畜牧经济生活的题材。同样,贺兰山岩画中马的图案比比皆是。

贺兰山中有关马的岩画,图案精美,具有较高的艺术水平。其中的中宁石马湾飞马图案、中宁石马湾大马图案、青铜峡牛首山大马图案,石嘴山小干沟群马图、骑马图、马拉车等图案颇具代表性。

中宁石马湾发现有一幅飞马图案岩画。这幅会飞的马,就是中国传统

银川世界岩画馆绘马图谱

中宁石马湾飞马图案岩画及线描图

中宁石马湾大马图案岩画

文化中的"天马"。画面中马匹张开大嘴嘶鸣,四只蹄子飞跃而起,一左一右的两只翅膀张开,一匹飞行的马就这样留在了石头上成为永恒。

天马图案起源于古代西方的有翼神兽,又脱离于其中,成为一种单独的文化符号与门类,其代表的寓意与内涵也有了很多变化。天马图案的出现,从侧面反映了华夏文明发展的包容性与延展性。天马图案的出现是中华文明与外来文明交流融合的实物,随着丝绸之路的开辟、各个朝代与其他民族的各种交往,天马图案也有相应的变化,这种变化是良性的,并且一直传承至今。

中宁石马湾大马图案岩画,描绘的是一匹体型巨大、身体肥硕的大马,

青铜峡牛首山大马图案岩画

形似在地上乖乖吃草。同一画面上还有几只羊和鹿，这些动物同马一样都在吃草，反映出了当时畜牧生活的一个瞬间。

青铜峡牛首山的大马图案，长 1.82 米、宽 1.08 米，位于牛首山入口 300 米处的半山坡上，距地面约 2 米。画面上是两匹马，上方马腹部的下方有朵莲花图案，下方马体型较大，马腹部下方和右侧有盘羊、岩羊等动物。

骑马图，在贺兰山岩画中较为常见，中宁石马湾、青铜峡、中卫大麦地、石嘴山小干沟都有较为典型的群骑图和骑者图。

中宁石马湾骑马图案岩画

　　中宁石马湾的骑马图案岩画中，马匹昂首奔跑，马的上方坐着一个人，人的脊背挺直稍稍后仰，手中有较长的工具，稳坐在马上、坐骑腹部下似有马镫。整幅画生动逼真，一幅牧民狩猎的画面好像真的发生在眼前，大有身临其境之感。这位骑者使用的工具很有可能就是游牧民族经常使用的套马杆，又称"套杆"，蒙古语"兀兀儿合"。据《元朝秘史》载，早在13世纪初，就已出现了这种工具，一直沿用至今。套马杆木质坚韧，总长约3米，顶端拴有套形皮绳，既可用于套马，也可用于狩猎时套其他动物。

青铜峡骑马图案岩画

　　青铜峡的骑马图案岩画中，画面上的马佩带有马鞍和障泥，马前方有抱拳曲蹲的人物形象。画面中还刻画有其他图案。

　　中卫大麦地岩画中也发现有牵马骑行图案岩画，画面中一人牵着马，一人骑在马背上，马上骑士身体后仰，画面生动形象，整体画面做出行状。

　　小干沟的骑马图案岩画表现内容大致相同，但另有一幅群骑图案，场面宏大，展示了一幅悠闲自得的生活景象。

中卫大麦地牵马骑行图案岩画

　　历史上,马在北方游牧民族的生产生活中有着极其重要的作用。日常生活中,马是游牧民族的交通工具,马乳是常用食物。战争时,马供给游牧民族机动灵活的能力,利可以急袭,不利则可以远退。同时,拥有马匹的多少还是游牧民族富有与否的重要标志。

　　在火器未出现的冷兵器时代,骑兵一直作为势不可挡的兵种,是一个文明的军事力量中不可代替的重要组成部分。一支军队中骑兵的数量越多,

石嘴山小干沟群骑图案岩画

石嘴山小干沟骑马图案岩画

披甲数量越高，则代表着这支部队的战斗力和机动性越高。所以军队对马匹的渴望与憧憬是不言而喻的。同样，战马也是军队中每一位骑兵最重要的朋友，是一支军队取胜的关键。所以，古人爱马、崇马并将其神化，逐渐使马成为天降祥瑞、国泰民安的象征。

勤劳朴实的帮手

"牛上唱歌牛下坐，夜归还向牛边卧。长年牧牛百不忧，但恐输租卖我牛。"不论哪个时期的文人墨客，提及牛，都是赞不绝口。牛温顺不失活泼、辛劳不失灵敏的品性，很早就被人类赋予通灵的神性。传承至今的牛文化元素，无不蕴含着勤恳致富的美好愿景。

  牛，在中国传统文化中代表着吃苦耐劳，是朴实勤劳的象征，被称为"六畜之首"。自从人类驯服了牛，牛就成为人类的好伙伴，陪同人类辛勤耕耘、无私奉献。

  距今 7000 年左右，牛就被人类驯化并役用。春秋战国时期，牛耕的出现和铁质农具的推广使用，是我国农业发展史上的一次革命。深耕细作促进了农业的发展进步，使土地利用率和农作物的产量显著提高，为文明社会的发展奠定了坚实基础。由此在农业生产中形成的"二牛抬杠"传承几千年，经久不衰，至今仍在西北地区的旱作农业中使用。在历史发展进程中，牛的使用范围越来越宽泛，从农耕拓展到了交通运输与军事战争领域——

银川世界岩画馆绘牛图谱

战国时期的齐国曾使用火牛阵打败燕国，汉代常见牛车的使用记载。

　　古代，牛是重要的祭牲之一。在重大国事中，为祭祀先祖和神灵，祭牲首选为牛。因为古人认为，牛是具有灵性的动物，可以通神。相传大禹治水时，每当治好一处，就要铸铁牛投入水中，以镇水患。商周时期的青铜器上，牛形饰是器物上的常见纹饰。但那时候牛的形象都是抽象的，大多是表现某些显著的特点，如弯弯的犄角、大大的耳朵、圆圆的眼睛，犹如"牛"的甲骨文写法，中间一竖表示牛头，上面两个弯曲线条表示牛角，下面两小条曲线表示牛耳。之后的各个历史时期，文人墨客都喜爱写牛、画牛。类似宋杨万里"大田耕尽却耕山，黄牛从此何时闲"、李纲"但得众生皆得饱，不辞羸病卧残阳"、近现代臧克家"老牛亦解韶光贵，不等扬鞭自奋蹄"等咏牛诗词，唐韩滉的《五牛图》、南宋阎次平的《四季牧牛图》、明唐寅的《葑田行犊图》、近现代画家李可染的《墨牛图》等"牛图"，无一不是令人赞不绝口的精品佳作。

　　贺兰山一带是古代农牧业发展的重要区域，牛是主要大型家畜之一，这在贺兰山岩画图案中深有体现。如贺兰口的巨牛图案，受伤的野牛图案，单体野牛图案，双牛图案，牛、人面、手印图案，大麦地岩画的牛、鹿图案和牛图案等。

　　贺兰口的回回沟中有一幅巨牛图案岩画，画面中的牛身形庞大，身长过两米，身高过一米，体态高昂，正抬着头张着嘴巴，牛身上的复刻线条流畅生动。其身旁还有五只小牛，很有可能体现了牛从小到大的生长过程，

贺兰口回回沟巨牛图案岩画

或是为了给予画面中五只小牛祝福，祈祷这五只牛茁壮成长，成为巨牛。

贺兰口受伤的野牛图案岩画，凿刻制作，用简单的线条勾勒出一头腹部被匕首扎伤，身躯蜷缩，非常痛苦的牛。这与西班牙阿尔塔米拉洞窟的彩绘岩画《受伤的野牛》非常相似。

贺兰口岩画的单体野牛图案磨刻在单体石块上，野牛的体态雄健挺拔，

贺兰口受伤的野牛图案岩画及线描图

贺兰山单体野牛图案岩画

贺兰口双牛图案岩画

贺兰口牛、人面、手印图案岩画

中卫大麦地牛、鹿图案岩画

两个牛角向上高昂着,整个牛显得气势非凡,充分表现出了野牛的野性与力量感,是一幅难得的佳作。

中卫大麦地岩画中的牛图案,通体凿刻而成,轮廓清晰,牛身刻有圆形斑纹,牛角竖立,呈站立状。这幅岩画和古文字中的"牢"字字形近似,形象地再现了上古先民驯养野牛的情景。

沙漠奇畜 戈壁明星

双峰驼曾广泛分布在中国西北部地区的荒漠和半荒漠地带，早在旧石器时代就被人类驯养。因此，中国文学和文艺作品中，骆驼总是与沙漠、戈壁联系在一起。贺兰山岩画中的骆驼，既是丝绸之路的文化象征，又是中国的生态变化的明证。

贺兰山岩画中，刻画有大量的骆驼图案。骆驼是人类的好朋友，是能适应干旱等极端气候的动物之一。古代丝绸之路上最主要的运输工具就是骆驼，在穿越茫茫无际的沙漠时，它极耐干渴、善于行走的特点，被人们誉为"沙漠之舟""旱地之龙"。

《史记·匈奴列传》称骆驼为"奇畜"。骆驼之奇，在于其具有人类所不及的耐渴、忍饥等特性。汉唐时期，贯通中西的丝绸之路从今天的西安出发，西行三万里，到达今天的欧洲和非洲之地。丝路在我国西北部境内沿线戈壁连着戈壁、沙漠连着沙漠，形成绵延数千里的瀚海奇观。这些戈壁沙漠多为不毛之地，干旱异常，经年不见绿色，环境异常艰苦，只有

唐三彩骆驼

骆驼能够适应长途跋涉贩运。史载，丝绸之路上无际的沙海中夏天常有热风和沙暴来袭。骆驼生性机警、嗅觉灵敏，能识别气候，具有远距离寻找水源的功能。美国汉学家爱德华·谢弗在《唐代的外来文明》一书中写道："伟大的丝绸之路是唐朝通往中亚的重要商道，它沿着戈壁荒漠的边缘，穿越唐朝西北边疆地区，最后一直抵达撒马尔罕、波斯和叙利亚……这些道路之所以能够通行，完全是靠了巴克特利亚骆驼的特殊长处，这种骆驼不仅可以嗅出地下的泉水，而且还能够预告致命的沙暴。"

骆驼为古代丝绸之路上的商贸流通、东西方文化交流作出了重大贡献，给古老的丝绸之路增添了生动的色彩。

涉及骆驼的文物，一直是丝路文物的重要门类。丝路沿线出土数量众多、造型精美的骆驼形器，证明了人们对骆驼的无言赞美。骆驼文物的典型代表当属今天我们看到的众多唐三彩骆驼，其昂首嘶鸣的形态，让人感受到唐人在骆驼身上寄寓的人生理想和渴望走向远方的心愿。北京大学文物考古专家齐东方教授在接受《北京日报》记者采访有关千年来丝路商旅为何喜欢骆驼时认为："唐代骆驼的塑造渗透了对现实生活的歌颂和向往，不是简单的形象再现，它们或大步行走，或引颈长啸，表现出勇敢坚韧的精神，有的凄惨悲壮，像是对险象环生的恶劣自然进行着抗争。骆驼上的货袋，常常装饰着一个很大的兽头，像虎头；驼囊上的怪兽形象未必是虎，有多种不同的样式。如果对骆驼的出现、演变、形象、组合特征、兴盛和消亡的时间做系统考察，唐人对骆驼的热烈赞美无疑暗示着对漫漫丝路象征的歌颂。"

在国内目前出土的唐三彩中，双峰驼比较常见，单峰驼至为罕见。原因是双峰驼主产于亚洲寒冷沙漠地区，主要分布于唐代的北方和西北地区，如今天我国的内蒙古、宁夏、甘肃、新疆地区和蒙古国一带。单峰驼，又称阿拉伯驼，主产于非洲和亚洲阿拉伯炎热沙漠地区以及印度北部干旱平原，主要分布于北非、西亚，但也常往来于丝路，为中国人所熟悉。

古代漫漫丝绸之路上的驼队，是万里沙海中移动的风景，叮当的驼铃，

中卫单体骆驼图案岩画

代表了雄伟壮阔的文化交流曲。

　　贺兰山岩画中的骆驼图案同样是历史上浓重的一笔色彩。贺兰山南端的中卫市是古代丝绸之路上的重镇，这里的岩画中骆驼图案较多，有单体骆驼图案、骆驼群图案、骆驼与人图案、奔跑的骆驼群图案等，实证了中卫与丝绸之路的密切关系。

　　中卫骆驼图案岩画中，有一幅单体骆驼图案格外引人注意，画面中骆驼昂首挺胸，两个驼峰高高耸起，呈奔跑状，好似在全力向前，形象生动。

中卫骆驼群图案岩画

中卫骆驼与人图案岩画

骆驼群图案岩画中骆驼的形态大致相同，有的仰首瞻望，有的俯首食草，画面上方刻画有另一动物。

骆驼与人图案岩画中有一头双峰骆驼，昂首，驼峰高耸，呈行走状，骆驼身后跟随一人。

奔跑的骆驼群图案岩画中有几头骆驼在奔跑，似乎在躲避猎人的狩猎。

中宁黄羊湾也发现一幅单体骆驼图案，图中骆驼呈行走状，昂首、驼峰耸立，形象生动、有趣。

中卫奔跑的骆驼群图案岩画

中宁黄羊湾单体骆驼图案岩画

一步一个脚印走向前方的骆驼，代表着一种稳健的心态和走向希望的乐观精神。即便在科技高度发达的今天，骆驼依旧经常承担着一些运载任务，伴随着叮当的驼铃，出没在浩瀚的沙漠戈壁中……

翱翔天空的精灵

植被类型多样、垂直分布明显、带谱完整的贺兰山脉，吸引了众多鸟类在此定居或者休憩。鸟类在这个天然的生态屏障中，与人类和谐相处，并带给人们对天空、飞翔和未知世界的无限遐想……

  鸟形图案多见于我国新石器时代文化遗存中，在黄河、长江流域的史前遗存中普遍出现。如河姆渡遗址中发现有双鸟朝阳象牙雕刻、鸟形象牙雕刻、圆雕木鸟，甚至在骨匕上也刻有双头连体的鸟纹图案，体现了鸟图腾崇拜在早期人类社会中的普遍性。在我国鸟图腾崇拜中，最广为流传的就是"玄鸟生商"的传说故事，《史记·秦本纪》中同样记载了女脩吞食玄鸟卵而生先秦始祖大业的传说。从文献记载中可以证实，商和秦的祖先都是以玄鸟为图腾的。而玄鸟，一般理解为古代中国神话传说中的神鸟。

  历史上"吞食玄鸟卵"生人的传说故事，反映了当时人类缺乏生育方面的知识，通过观察鸟类的繁衍而使他们逐步认识到，鸟的下一代是由卵

贺兰口鸟形图案岩画

孵化后发育而成的，遂对鸟产生了崇拜之情，进而表达了对鸟类生殖的崇拜，祈求自己的氏族生殖繁盛、人丁兴旺。远古时代，每一个氏族部落都有各自的图腾，商人和秦人部落就以鸟为图腾，才衍生出了玄鸟生商、生秦的神话传说。

贺兰山岩画中的鸟形图案稀少且十分珍贵。贺兰口有一幅鸟形图案，刻制在一块长约 0.5 米的可移动岩石上，图面中间有一个类似剪刀状的图

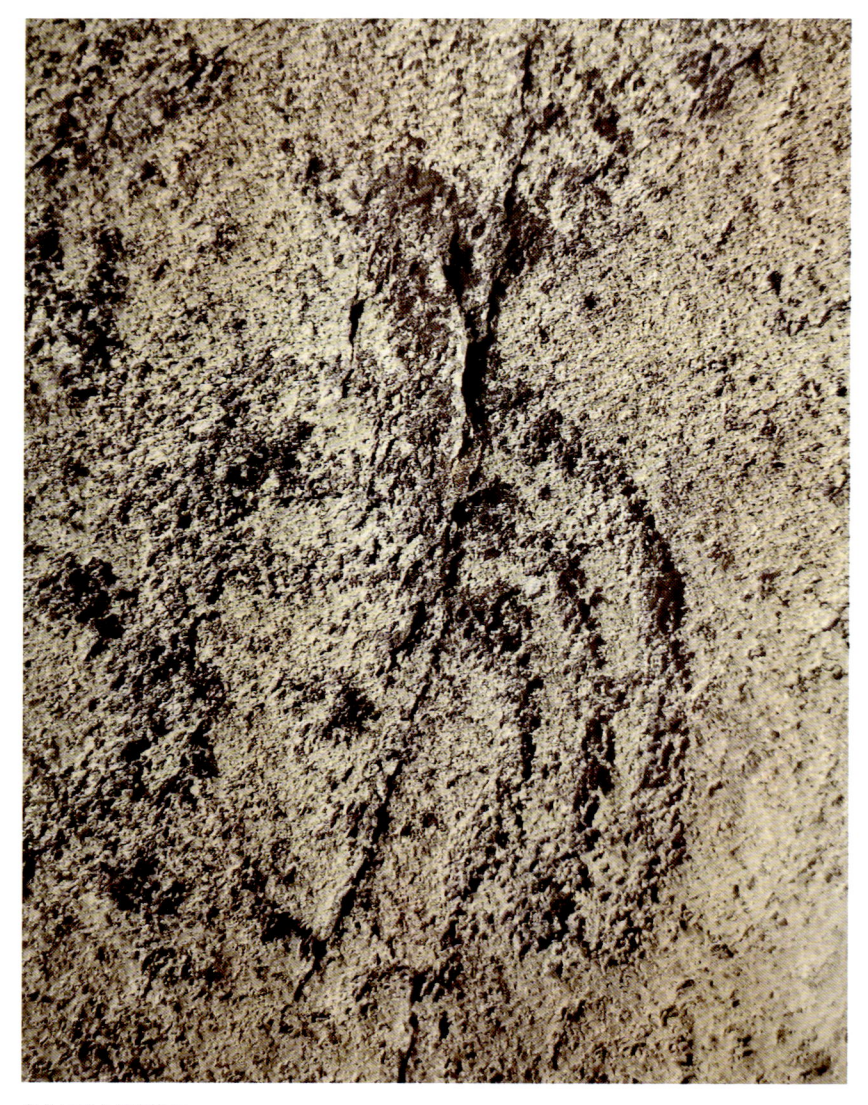

贺兰口飞鸟图案岩画

案，形似一只展翅飞翔的鸟，鸟的左右有对称的类似葫芦一样的符号图案，这种结构布局的图案在其他地方岩画中尚未发现。现代人解读为：岩画的制作者已经把这只鸟的形象进行了拟人化处理，是其心目中的"鸟神"，左右对称的葫芦形符号图案代表着祭祀"鸟神"的物品。

贺兰口另有一幅飞鸟图案岩画，画面中部有一竖杠似鸟的脊椎，三道弯曲的线形成鸟的翅膀，整体形象酷似一只飞鸟，周围还有一些刻痕与凿点。

岩画中鸟形图案一方面体现了早期人类的图腾崇拜，另一方面显示了人与自然的和谐共处。贺兰山南段青铜峡四眼井岩画中的水鸟图案、灵武二道沟岩画中的鸟食蝎子图案就是见证。

四眼井因有四处泉眼而得名，这里的岩画凿刻于贺兰山山体东侧一道道崖壁和岩石上，多数石面平整光滑，画面相对比较集中。水鸟图案长0.9米，宽0.98米，画面中还有北山羊、骆驼、骑士、车轮、符号、人面等，图案保存较完整。画面的左下方，刻画有一只站立的水鸟，长喙，颈部细长，身上长有羽毛，在鸟下方刻画着一些不同形式的水草植物，似乎是鸟在水草中觅食。整幅画面羽栩如生，能够感受到一片祥和自然的场景，也能够反映出当时人与自然之间的和谐相处。

灵武二道沟鸟食蝎子图案岩画中，一只鸟昂首站立，形象生动逼真，鸟喙之前有一只体形较大的蝎子。整体画面体现了鸟遇见蝎子后提高警惕，蝎子面对威胁张牙舞爪、尾巴末梢卷曲呈环形、随时准备进攻的样子。这幅岩画写实性很强，具有浓厚的生活气息。

青铜峡四眼井水鸟图案岩画

  物质文化和精神文化高度文明的今天,在传统文化的影响下,人们仍然使用有关鸟的吉祥元素,期盼带来好运。如把新人结婚说成是龙凤配或龙凤呈祥,婚嫁时穿戴龙凤图案的衣物等,希望自己可以同爱人如龙凤一般相知相伴,在婚姻中获得幸福。

  总之,鸟图腾在生产力不发达的远古时期使同一氏族的人们有了共同

灵武二道沟鸟食蝎子图案岩画

的精神依托，虽然他们不能从图腾本身得到真正的庇护，但是他们还是虔诚地敬仰，希望自己的部落人口繁盛，期盼自己的生活幸福美满。

水间飞跃的信使

"天下黄河富宁夏",黄河从青藏高原奔腾而下,翻山越岭,在贺兰山南麓的平原地带终于舒缓开来。这段水面宽阔、适宜灌溉垦殖的区域,给生活在这里的人们带来了鱼米满仓的富足生活,鱼也成了宁夏平原上的吉祥符号。

鱼,在远古时期,因其具有适应强、繁殖快的能力,而成为人们崇拜的对象。在中国传统美术图案中,鱼形图案是常见的艺术素材。新石器时期,鱼形图案经历了从写实到几何抽象的变化,其主要载体是陶器。图案绘制在陶器的外表或内底,比较自然写实,随后经过局部的变形,头部、身体、鱼鳍、鱼尾等部位开始向几何形变化,最终演变成由三角形和直线构成的几何形图案。夏商西周时期的鱼图案开始从几何抽象转回自然写实风格,主要载体是青铜器和玉器。秦汉时期,鱼形纹饰的表现形式及应用领域得到了很大程度的扩展,大量出现在画像石、画像砖、青铜器、帛画、瓦当、壁画、灯具等器物上,并且开始舍弃日常实用的价值,以独立的艺术形式

半坡人面鱼纹彩陶盆

呈现，还会将鱼形纹样和其他纹样自由地组合在一起。隋唐、宋元时期迎来了鱼形纹饰发展史上的高峰，其附着物的实用性与装饰性有了进一步结合，更多地装饰于民间的器物上。明清时期到近现代鱼形纹样的应用彻底转向民间大众生活，在瓷器、建筑、家具、剪纸、砖雕等装饰过程中都有体现。当时有着吉祥寓意的年画在民间流传起来，这时的鱼形纹样在陶瓷、剪纸及年画中，象征吉祥的寓意比以前更加浓重。

贺兰山岩画中鱼形图案较少，仅在青铜峡四眼井发现了一幅水鸟食鱼图案。画面上有五只大小不一的水鸟，尖喙，细长颈，羽毛数量分别为三、四、六根，朝向一致，似扇动翅膀啄食，画面左侧有圆形符号。图案下方

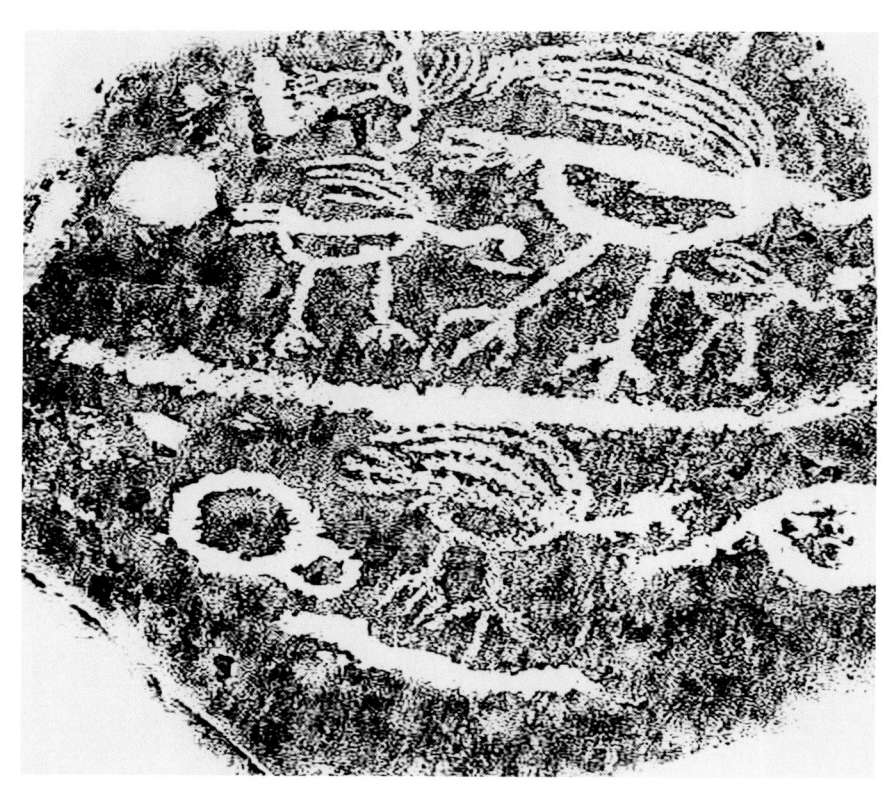

青铜峡四眼井水鸟食鱼图案岩画拓片

的鱼活灵活现,形似且又神似,鱼有鳃、尾鳍,身上的鳞片清晰可见。整体图案展示了鸟看见鱼,振翅相逐、捕而衔之的瞬间。

贺兰口岩画中还有一幅鱼纹人面像,图案为人面脸颊两侧带有鱼纹,把鱼的形象处理成三角形,位于脸颊的两侧,岩画同时出现了鱼纹与羊符号,

贺兰口鱼纹人面像岩画

是先民们对鱼和羊图腾崇拜的综合体现。

　　古代岩画表现的是游牧民族的生活场景，位于西部干旱区的贺兰山岩画图案中出现鱼的形象似乎是不大可能的事，但从贺兰山的地理位置而言，又是完全可能的事。因为贺兰山东边的银川平原自古黄河流经、

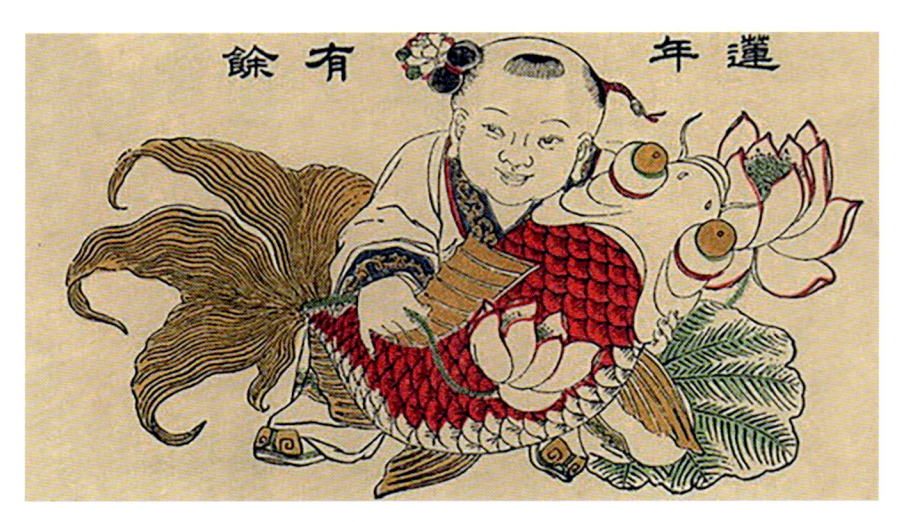

清光绪年间杨柳青木版年画《连年有余》

河湖纵横，有鱼不足为奇。鱼形岩画是古代人们上山狩猎、下湖捕鱼的生活写照。岩画是时代的产物，同时是自然环境的产物。远古时代的贺兰山一带自然生态良好，山上青草绿树，山下湖泊荡漾，人与大自然和谐相处，一派生机盎然的景象。远古人类发现鱼具有繁殖快的能力，就对鱼进行崇拜，希望可以将鱼身上强大的能力转移到部落氏族里的人身上，从而加强自身的生殖繁衍能力，壮大种族发展。另外，鱼能在人类无法生存的水中自由浮潜，远古人们认为鱼的水生本领赋予了它们通天通地的能力，是天地的使者。因此，在很长一段时间，鱼都被赋予了生生不息、吉祥如意等神性。

直到今天，鱼依旧被赋予了各种吉祥美好的寓意，如"鲤鱼跳龙门""年年有余""悬鱼"等象征飞黄腾达、生活富足、平安吉祥等意。其中，杨柳青的鱼形纹饰年画——由童子、鲤鱼和莲花组合绘制的"连年有余"，被誉为中国民俗美术的典型象征。

鱼，在中华传统文化中占有重要地位，从代表早期人类生殖的渴望，发展到古代社会人民对"年年有余"生活的期盼，再到当今对生态友好型社会的追求，鱼承载的文化现象已经渗透到生活的诸多方面。

贺兰山多彩的外衣

在地质时期，贺兰山沧海变桑田，庞大的山体经过长期的风沙雨雪的侵蚀和滋养，逐渐形成一座生物物种的天然贮存库，是森林生态系统发生、发展和演替规律的活教材。这里的野生植物种类丰富，为远古人类和食草动物的生存提供了一定的保证。

  贺兰山独特的气候环境为各类植物提供了良好的生长条件，这里野生植物资源较为丰富，丰富的植物资源又为生活在这里的古代民族提供了种类繁多的食物，同时为岩画创作提供了大量素材。贺兰山岩画中有许多植物元素的图案，包括花瓣、花朵、小草、羽状复叶、谷穗、果实、树木等。

  世界范围内，表现植物的岩画题材相对较少，在我国现存的岩画中有植物图案的不足百幅。据初步统计，植物岩画贺兰山中发现约有 50 多幅，内蒙古巴丹吉林沙漠岩画中发现了十几幅，阴山岩画中发现了几幅，新疆岩画、甘肃岩画、青海岩画、西藏岩画中各发现了几幅，江苏连云港将军崖岩画中发现了一组共 10 个植物单体图形。可见，贺兰山是我国植物岩画分布较多的地区。

岩画作为人类表现自己和认识世界的图画记录，具有很强的象征性。大量的民俗学和文化人类学数据表明，每种植物，无论是花、草、树木，抑或是果实籽种，都隐喻着与植物图腾崇拜的密切关系。

我国植物图腾崇拜源远流长，被奉为图腾的植物，多是生命力旺盛的，适应当地气候环境的，是人类生产生活资料的来源，在人类的生存和繁衍过程中起着举足轻重的作用。古人幻想这些植物对自己的氏族（或部落）有着格外的善意，或者是自己的祖先，或者是自己的保护神。植物图腾崇拜控制和影响着人们的社会活动，制约着人们的言行举止，避免了对植物资源残酷的掠夺和索取，有效防止了对自然环境肆无忌惮的破坏，可以说在一定程度上保护了图腾崇拜地区的植物资源及生态环境。在先民的日常生活中，对植物的崇拜一般分为对粮食作物，树木，草本植物、花开等的崇拜。

粮食作物崇拜。贺兰山植物岩画中的谷物图案，其表现的植物是与人生存发展紧密相连的禾苗或农作物，贺兰山的先民们把植物人格化进行崇拜。石嘴山双疙瘩的麦穗图案岩画，画面上方有五株植物，应为粮食作物中的谷物或麦穗，植物下方有符号、人物和动物围绕，表现的情景似在进行对粮食作物的祭祀，体现了人类和动物离不开这种植物，蕴含着早期人类的植物图腾崇拜。

树木崇拜。树图案岩画在植物岩画中具有特殊的象征意义，盖山林先

石嘴山双疙瘩麦穗图案岩画

生在《世界岩画的文化阐释》一书中认为，岩画中的树是神话中的"宇宙树"（世界树）和"生命树"，"是以形象的岩画形式表示了古人对于整个宇宙构造的认识"，"由于女性生殖器孕育了新生命，作为其象征物的树木也被原始人类赋予化育万物的神奇能力，世界各民族中遂产生了'生命树''世

石嘴山双茎瘩名穗图案岩画

界树''宇宙树'的种种神话和传说"。赵国华先生在他的《生殖崇拜文化论》里对岩画树木崇拜也提出了自己的观点。

贺兰山地区先民除树木崇拜外，还崇拜荞麦以及大豆等草本植物。草本植物虽然没有木本植物的寿命长，但有着"春风吹又生"的顽强生命力，

贺兰口花卉与动物图案岩画

与人类的生产生活密切相关，先民们就将这些植物作为自己氏族的图腾。

　　花卉图案在贺兰山植物岩画中也有出现，有单个的花瓣、吐露花蕊的花草、含苞待放的花朵等。如贺兰口花卉与动物图案岩画中，画面左下方是一雄性动物，似虎似豹，磨刻制作，线条流畅。图案右上方为盛开的花朵，花瓣向下弯曲，花瓣上方有多个凿点，分三排均匀分布，似雨露，又似花朵盛开后随风飘扬的花籽。

类似贺兰口花卉与动物图案岩画中植物与动物处于同一石面上的岩画极为少见，其所蕴含的深意让人难以理解。原始人类出于对外界事物的恐惧与敬畏，认识到身边诸多花卉的奇异现象后，在长期的生存实践中，逐渐赋予各种花卉以神性及某种神秘力量。这种既崇拜又恐惧的矛盾心理，使得人类把花卉当作神来景仰。花卉的若干神格意义在民间生活中多有体现。如，古代将松、竹、梅称为"岁寒三友"；先秦时，端午节人们要采艾与兰草制成汤来洗浴；九月九日的重阳节，民间有饮酒、赏菊花的习俗；藏族摆花节，人们用五彩酥油塑成各种花卉图案；大理的朝花节上，人们在自家门口摆放各种花卉。各民族、各地区的花节、花会等都说明了人们对花卉的崇拜与喜爱，这也是对原始花卉崇拜的一种继承与发展，真切地反映出了各民族的自然崇拜特色。

被奉为图腾的很多植物，代表了人类为了生产，长期与自然敌斗争的过程中对大自然的敬畏，也告诫我们，与大自然和谐相处，才是生活的本真。

天之神 日为尊

岩画是今人了解早期人类文明的重要史料，是一种世界性的艺术，既有写实图案又有抽象因素，从各个角度体现着上古先民对生命和自然的崇拜与敬畏。贺兰山岩画中人面像有700多幅，太阳神图案是其中的最具代表性的人面像。

太阳神图案堪称贺兰山岩画的代表，人们说起贺兰山岩画，脑海中就会即刻闪现出太阳神图案。

贺兰山贺兰口沟谷东侧，距地面20余米的崖壁上，刻画有一幅岩画，人们称之为"太阳神"，属于贺兰口岩画中刻画位置最高的一幅画。

这幅太阳神岩画无论是在艺术造型还是在文化内涵上都堪称经典，只见岩画中的太阳神有着一双炯炯有神的重环双眼，双眼的上方则是用短线刻画的睫毛，半圆形的面部轮廓周围刻画着放射形的线条，代表着太阳的光芒四射。这种重环双眼人面像以同心圆的形式着重突出炯炯有神的双眼，不仅出现于贺兰口，在中国江苏、内蒙古，俄罗斯西伯利亚、蒙古国等地

贺兰山太阳神岩画

都有大量发现，是国际化的人面像。对眼睛的刻意表现，说明人面像岩画的文化内涵发展到了一定的程度，属于地位较高、对先民的生活影响较大的神的特征。贺兰口的太阳神，神采奕奕、庄严冷峻的神情中透露出威严，令人不由自主地心生敬畏之情，让人们更加直观地认识到那个时代人们心中太阳神的地位和形象。

关于"太阳神"的文化含义，学术界众说纷纭。最为广泛的说法是太阳神岩画反映了当时人类对于太阳的崇拜——金碧辉煌的太阳，不知多少万年前就辉映着地球，庇护着人类，给人类以无限的遐想。与此相应，人们敬仰太阳，崇拜太阳，祈祷太阳，创造出难以计数的令人激动不已的太阳神话，于是太阳崇拜成为世界各民族神话中最具普遍性的文化特色。

金沙遗址博物馆藏"太阳神鸟"图案　　　　　宁夏博物馆的馆标——太阳神

　　有研究者认为，绘有光束的圆和半圆，是日月的象征。如挪威特伦霍尔姆（也译为特隆赫姆）发现的青铜车，车上载日盘。西班牙特鲁埃尔发现的青铜驹，蹄下、背上均有日轮。兴建于公元前后的世界闻名的墨西哥古代神殿都市狄奥提瓦康，其最大的建筑物就是太阳神殿。中、南美洲地区其他著名的文化，如玛雅文化、印加文化、莫奇卡文化、纳斯卡文化和蒂亚瓦纳科文化等古代文明，也都发现有巍峨壮观的太阳神殿建筑。

　　在中国，先民时期就流传了"夸父追日""后羿射日"等与太阳有关的神话故事。考古学家在位于浙江余姚的河姆渡遗址发现了"双凤朝阳"的图案，成都金沙遗址出土了"太阳神鸟"图案。

　　太阳给大自然带来光明、温暖和生命。因此，对太阳的崇拜一度盛行于世界的绝大多数地区与民族之中，祭祀太阳神也成了早期人类社会隆重

的宗教活动，其中就包括将太阳形象刻画在岩石上方，以供人们崇拜与祭祀。这幅发现于贺兰山的太阳神岩画就是其中之一。

还有人推测，贺兰口太阳神岩画刻画的是古代部落首领的头像。部落首领的地位至上，对氏族部落有重大贡献的首领被刻画在石壁上，接受部落居民的崇拜，这些石刻曰此流传下来。也有人认为，这幅太阳神岩画实际上是对生殖的渴望，是对生命的赞美。甚至有人因地制宜，根据贺兰山一带的地理特征指出，贺兰山一带常有地震、山洪等地质灾害，这幅太阳神应当是地魔的形象，先民将它刻在岩石上供奉，驱邪祈福来保佑自己的生活平安。

时至今日，我们仍然无法对于这幅太阳神岩画的含义做出最接近创作者思想的解释，但可以肯定的是它的存在为我们展示了古代先民对自然、生活、艺术的认识，这幅岩画也成为贺兰山岩画中最具标志性的一幅作品。如今，贺兰口太阳神以艺术的化身走进了大众的视野和生活之中。宁夏博物馆就选取太阳神作为博物馆的标识，预示着博物馆事业如太阳喷薄而出、蒸蒸日上、前途似锦。众多岩画相关的文创产品，如小提包、麻编、绘画等以太阳神作装饰，走进了百姓的生活之中，期盼人们拥有美好的未来。

脸庞中永恒的意识

在人类文明的蒙昧时代，人们会将自己的思考探索与情感表达记录下来，岩画就是其中的一种记录方式。人面像岩画，是区分不同人群的显著标识，其蕴含着自然崇拜、图腾崇拜、生殖崇拜和祖先崇拜等文化内涵，反映了当时人的生活、愿望以及想象。

    在种类繁杂的岩石图案中，人面像是十分重要又特殊的一种题材。截至目前，这类岩画仅出现在环太平洋地区的中国、俄罗斯、蒙古国、美国、加拿大、墨西哥、智利、澳大利亚等11个国家和地区，又以中国的人面像岩画数量最多、分布最广。在中国20多省市100多个县（旗）发现的岩画中，又以贺兰山的人面像数量最多，是世界上人面像分布最广的一个点。

    人面像岩画的由来众说纷纭。有学者认为，随着社会的向前发展，远古人类生存技能的提高、征服自然力量的逐渐增强，人们顶礼膜拜的神灵不再是动物，而是半人半兽，即人兽的合体形象，甚至在一段时期，人造出的神直接采取了人的形象。在中国以及整个环太平洋地区，普遍以人面

银川世界岩画馆绘人面像图谱

贺兰口人面像岩画　　　　　　　　　　　　　　　　贺兰口彩绘人面像岩画

或兽面图形作为神灵的外化形式，这就是人面像的由来。

人面像岩画的分布，从微观地形而言，多分布于山口和山势怪异之地，古人认为这些地方是各种神灵藏身匿影之地，所以这里常常是媚神、娱神的"圣地"，是定期举行祭典仪式或舞蹈的场所。

贺兰山的人面像造型奇特、变化多端，在构图上经历了从具象写实到抽象程式化的演变过程。贺兰山岩画中的四块瓦人面像、鱼形人面像、阴阳组合人面像、羊头人面像、猴头人面像、骷髅头人面像等人面像特色突出，颇具地域性，是人面像岩画的代表作。

贺兰口四块瓦人面像中的人面由上下、左右对称的半弧形图案构成，如同四片内扣的瓦片，被通俗地称为"四片瓦人面像"。瓦片式人面像早期写实性强，瓦片表现的人面极其规整，大多脸部轮廓呈长方形、椭圆形或者圆形，人像内部的五官由左右两个半圆构成，这种圆形可能代表着某

贺兰口四块瓦人面像岩画

种符号。随着先民们五官意识的逐步增强，各种由两个或多个半圆形符号组合而成的"瓦片"人面像层出不穷，三片瓦式、四片瓦式……甚至有些人面像通过对瓦片进一步抽象与提炼，直接用一圆一叉两点就构成了人的五官。这类人面像无论如何异化，都已成为一种程式化——脸部轮廓，可以有多种变化，五官构成可以有几种组合，但都是瓦片式人面像的演变。

贺兰口鱼形人面像面部轮廓整体狭长，两头尖中间粗，形似一条鱼。面部中的五官由三个圆和三道弧线构成，与西安半坡文化中出土的彩陶上

贺兰口鱼形人面像岩画　　　　　　　贺兰口阴阳组合人面像岩画

的人面鱼纹图案极为相似，都捕捉到了鱼最显著的特征。鱼在古时象征着生殖崇拜，人类早期由于生存环境的原因，自然灾害、部落冲突、野兽袭击、瘟疫等都容易带来死亡，为了保存部族，在死亡因素不可控的情况下，原始人只能多生，所以生殖成了关乎部族生死存亡的头等大事。由于古人对生殖原理缺少认知，以为生殖来自一种神秘的力量，于是，生殖崇拜产生了。随着人类文明的进步，又产生了性别崇拜、女性崇拜、生殖器崇拜等。鱼作为生殖崇拜的象征，鱼形人面逐渐演变为一种程式化，无论内部五官怎样组合、变异，某种代表意义的狭长鱼形始终不变。

阴阳组合人面像这幅岩画与生殖崇拜有关，在椭圆形的人面中，同时出现了阳性形象与阴性形象，组成了阴阳融合的符号。这代表着古人对生殖现象的认识相对成熟。阴阳的结合导致了人类自身的繁衍，体现出人们对生殖的崇拜，繁衍后代的向往。

早期人类在性别崇拜的基础上，衍生出女性崇拜。在女性崇拜的进程中，往往寻找隐喻的象征物或抽象符号以表现女性生殖器形象。这类象征

贺兰口羊头人面像岩画

物或符号总体上可以分为两大类：一类是取材于动植物等自然实体，如具有生殖旺盛、繁衍不息特征的鱼、蛙，花卉等植物作为女性的象征物，甚至还有海贝、瓜瓠、螺及中空的船形洞穴、凹地、瓮、桶、罐等；另一类是采用环形、椭圆形、菱形、倒三角形及坑穴（点）等抽象符号，几何纹样作为女性生殖器的象征物。体现了从具象到抽象的变异，从繁复到简化的提炼。

随着社会的发展，男性在社会生产活动中逐渐占据主导地位，人类社会开始从母系向父系演进，以女子为中心的生育意识被以男子为中心的生育意识所取代，逐渐产生了男性生殖器崇拜。表达男性生殖器崇拜的图案

贺兰口羊头人面像和西夏文字岩画

往往采用形似男性生殖器的卵生动物鸟、蛇、龟和表现男根威猛内涵的狼、牛、虎、犬，以及箭、镞、斧、棍、锥等，也有表现挺拔雄伟内涵的山、石柱等自然物，还有加以抽象化的鸟纹、蛇纹、龟纹、山纹、柱纹等象形符号。

贺兰口羊头人面像的头饰或者五官大致是由羊的形象构成，面部的五官就是羊的形象。这类图中的羊头人面形象说明，在古代北方游牧民族中，尤其在古代羌族中，羊的地位是崇高的，被看作是"引领人的灵魂升天的使者"。许慎《说文解字》中解释"羌，西戎牧羊人也，从人从羊，羊亦声"。古文字研究证明，羌和姜的汉字构形反映了一种头戴羊角的图腾风俗。头戴羊角的习俗反映了羌人对羊图腾的信仰，通过这种象征性的模仿行为，可以使图腾的神力交感传播到自己身上。羊图腾文化的传播，也与羌人的

贺兰口猴头人面像岩画

迁徙相关联。羌人携羊图腾文化向东迁移，与华夏文化融为一体，共同形成了中华民族文化的源头。

贺兰山的部分羊形人面像，周围还有许多西夏文石刻，人面两边有着两个类似辫子的线条，和西夏党项族的发型极其相似，所以有学者认为这种人面像其实是一幅西夏人刻像。贺兰山羊头人面像岩画中，人面的上方还有两个微弯的竖条，应该代表着一种头饰，可能这幅人面像表现了当时

贺兰口猴头和羊头人面像岩画

的某位部落首领。

　　猴头人面像岩画刻画在贺兰口北侧山体与参观人行道路的交接处，因其形状酷似猴头，故名"猴头人面像"。图案面部右眼深陷，左眼微凸，头顶小帽，脸部轮廓为桃形，整体形象与电视剧《西游记》中被如来佛压在五行山下的孙悟空极为相似。更为巧合的是，站在这个位置，抬头仰望贺兰山山体会发现，自然形成的五座山峰恰似如来佛的五指。

　　说起猴子，中国人会有一种亲切感。猴子在十二生肖中排在第九位，活泼伶俐，可爱顽皮。在中国民间普遍认为猴为吉祥物，由于"猴"与"侯"谐音，在许多传统的故事中，猴的形象具有封侯、升官、升职的意思。如一只猴子爬在枫树上挂印，取"封侯挂印"之意；一只猴子骑在马背上，

贺兰口骷髅头人面像岩画

取"马上封侯"之意；两只猴子坐在一棵松树上，或一只猴子骑在另一只猴的背上，取"辈辈封侯"之意……贺兰山岩画中的猴头人面像正是中国早期猴文化的实物证明。

骷髅头岩画，是一种比较特别的人面像岩画。在贺兰山岩画中，发现有很多骷髅头形象的人面像。这些骷髅头状的人面像图形一般刻槽较深，头骨特征明显，突出表现黑洞式的眼孔、鼻孔，有些还刻画出骷髅头成排的牙齿或头骨上的缝线。骷髅头岩画分布在环太平洋地区的许多地方，在我国内蒙古阴山地区、俄国境内黑龙江左岸及乌苏里江右岸的巨石或岩壁上都有发现。大量民族学资料证实，从远古人类到现代原始部落，及至今天偏僻古老的山村，人们都相信骷髅头是死者鬼魂的住所，是灵魂的载体

中卫人面像岩画

和物化形式，并且认为骷髅头寓有人的灵性、精气和一种超自然的力量，可以使人的尸骨重生，从而产生了骷髅头信仰。

作为早期人类崇拜的对象，骷髅头被现代人们赋予了诸多功能，突出的有驱瘟疫、求雨水、威敌、祛鬼、辟邪、厌胜、占卜、保护家族安全等。中华人民共和国成立前后，内蒙古各地的喇嘛跳鬼舞时所戴的面具上常以骷髅形为装饰；贵州清江土家族聚居区域流传有一个戴骷髅面具驱鬼祛邪的故事；云南省佤族的创世神话中，也有崇拜头盖骨的传说。千里之外的太平洋西南部美拉尼西亚群岛上的美拉尼西亚人，也有把头盖改造成面具的习俗。

模仿人骷髅头的岩画，如同模仿人的骷髅头做成的面具一样，都因造型逼真而被赋予了同骷髅头一样的灵气。所以，它既是灵魂的寓所，也是鬼神的载体，是人与鬼神之间沟通的桥梁，具有驱瘟、辟邪、保佑平安的功能。

早期人类狩猎、放牧的生活纪实

在人类社会早期，狩猎与放牧仅作为一种基本的求生手段而存在。随着人类文明的发展，狩猎从简单的捕食行为脱胎换骨，甚至在一些地区成为一种彻彻底底的上流运动，放牧也在社会的发展进步中改变了原有的生产方式。

狩猎与放牧是早期人类的主要经济生活，体现在岩画中就是大量的狩猎和放牧图案。

贺兰山北段石嘴山小干沟新发现的放牧图案岩画，场面宏大，形象生动地为我们展示了早期贺兰山一带的畜牧经济生活。小水沟发现的放牧岩画，创作者刻画了一幅生机盎然的和谐场景。

在我国北方岩画中出现古代狩猎和放牧图案是很常见的，其中畜养家畜、牧羊放马、季节转场、役使牲畜等反映畜牧经济生活的题材和牧民形象的岩画，比比皆是。畜牧岩画中的家畜，数量最多的是羊、马，其次是牛、驼、驴，还有少量守护羊群和驻地的家狗。贺兰山岩画中发现的放牧图案，

小水沟放牧图案岩画

在内蒙古、宁夏、甘肃、青海和新疆都曾见到过同类型的。

贺兰口有一幅骑马放牧图案岩画，刻制在巨石上，由于年代久远，石面剥落，仅有一个骑士、两个动物能够辨认。最下方一动物似马，双耳较长，通体凿刻制作，似在漫步前行，马头前方有一凿痕，马的下方左侧还有凿痕，但已模糊不清，难以辨认；左上方为一骑士，凿刻制作，正在策马奔跑；右上方是一头牛，牛角高耸，牛眼圆睁，身躯健壮，线条流畅。

贺兰山放牧图案岩画

贺兰口牧羊图案岩画

贺兰口骑马放牧图案岩画

  另外一幅牧羊图案岩画，发现于贺兰口，画面由一群羊与一个人组成，左侧的羊群正在奔跑，右侧的人双腿微曲，双臂上举，似在呼唤羊群归来。
  狩猎活动源于早期人类的生活，是一种原始而古老的生产方式和生活习俗，曾经在人类文明的进程中发挥过重要的作用。原始社会人们为了生存，与自己活动范围内的野兽进行防御性搏斗，这无疑是经常发生的事情。随着时间的推移，原始人依靠群体的力量，在血的教训中，不断提高战斗能

中宁石马湾狩猎图案岩画

力，丰富战斗经验，开始了有目的的狩猎活动。狩猎解决了古人食物不足的问题，刺激他们制造并使用各种工具、改进捐杀猎物的工作方式、研究动物的生活习性，在长期实践当中，形成与地理环境相协调的生活生产方式。

贺兰山南端中卫石马湾狩猎图案岩画，造型比较简洁清晰，采用凿刻和磨刻制作。画面中间为骑马猎人，被各种动物围在中间，做狩猎状，烘托出的紧张气氛浓厚。细细端详，只见画面中的猎人拉着弓，正在瞄准，准备射箭。旁边是一群惊慌失措、不断向前奔跑逃命的动物，猎人的旁边还有猎犬帮助追逐猎物，一幅充满紧张压迫感的狩猎图就这样呈现在世人眼前。这是贺兰山岩画不可多得的艺术珍宝。

贺兰口狩猎野牛图案岩画，画面中间是一头体型巨大的牛，牛角呈"S"形，牛眼圆睁，身躯健壮，牛的正上方是一个拉弓射箭的人和一只狗，前方则是大小两只动物，向前遁逃。整个画面线条流畅，布局合理，似乎是在向人们展示一幅惊心动魄的狩猎场面。

青铜峡四眼井和芦沟湖也发现有射猎图案岩画。四眼井的射猎图案左侧是一个人骑马，马身躯肥壮，头部残缺；右侧是三个猎人在围杀一只奔跑的盘羊，左右两个猎人持

贺兰口狩猎野牛图案岩画

弓,中间一个猎人束腰徒手抓羊。

芦沟湖的射猎图案,画面中间是一个猎人持弓箭射猎,弓箭较为夸张。猎人周围有北山羊、岩羊、马等动物图案,动物朝向一致。

在灵武马鞍山沟岩画中也发现有射猎图案,刻画在单体岩石上,长约 0.48 米,宽约 0.67 米。画面有猎人 1 个,大角羊 2 只,猎人身体各部位用较粗的线条表现,猎人头呈圆形,一臂握弓,一臂弯曲做拉弓状,弓呈半圆形,

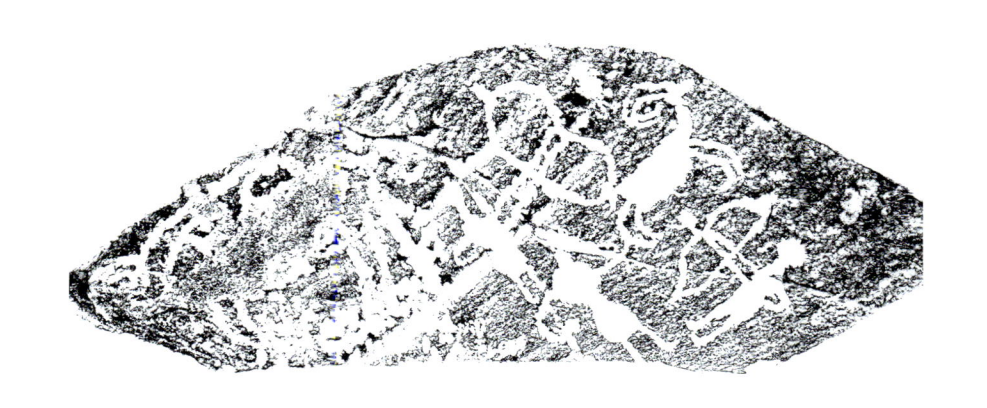

青铜峡四眼井射猎图案岩画拓片及绘画

青铜峡芦沟湖射猎图案岩画

相当于人形的三分之二大小,猎人双腿一前一后分开,侧立,突出足部,射向前方的2只大角羊。大角羊均为单角双腿,身体各部位用绞粗的线条表现,单角向后弯曲,与脖子连成一条弧线,抬头,短尾上翘,表现出臀部,双腿前后分开站立。整体造型抽象,用静态的画面给我们展示了一幅喧闹的场景。

在贺兰山南端的中卫境内,也发现了众多的射猎图案岩画,内容有猎鹿、猎羊、犬猎羊等,画面制作精美,清晰灵动。

灵武马鞍山沟射猎图案岩画　　中卫猎羊图案岩画

中卫犬猎羊图案岩画

中卫猎鹿图案岩画

中卫射羊图案岩画

人类的原始信仰

人类社会早期，氏族、部落及其内部各成员之间，仅仅由血缘关系松散地结合在一起，缺乏足够的稳固性。巫术的产生正好满足了这一需求，并运用到了社会的各个方面，如祭祀神灵、解除灾祸、请神送瘟、驱鬼镇邪、婚丧嫁娶、祈求丰收等。

巫术是一种流传广泛、历史悠久的原始宗教信仰，至今还在一些地方留存。远古时期，巫术与祭祀是一种能将社会整合和组织起来的自然力量，对人类早期社会秩序的建立具有积极意义。

原始巫术的产生与人类认识自然的能力有限和生存的自然环境过于恶劣相关联。一方面，由于古人生产力水平低下、认识能力有限，对许多自然现象又无法做出正确的解释，于是认为人类之外还存在一个超自然的世界，有一种神秘的力量在支配这个世界。在他们看来，周围的一切都是那样神秘莫测，行猎的成败、生活的得失，似乎都和某种神秘的力量有关。正是由于对自然界虚幻的解释，以及对大自然深度的依赖，使远古人类产

灵武马鞍山沟祭祀图案岩画

生了通过自己的意志去影响自然力，来改变现实生活的幻想，从而产生了各种神秘的巫术和祭祀活动。另一方面，早期人类的生存环境十分险恶，刮风下雨、电闪雷鸣、洪水猛兽等都会给人们带来无限恐惧，为了祈福避祸，人们便创造了种种巫术，举行各式祭祀来祈求神力降服自然，由此产生了各种形式的原始巫术活动。

古代祭神也是一件神圣的大事，举凡生活中的重要问题都要求神问卜、敬天祭神，所以大大小小的祭祀活动数不胜数。这些活动也只能由能沟通

中卫戴冠人面巫师图案岩画

天地的巫觋或祭祀来组织，这在岩画图案中反映明显，是先民们敬天媚神、祈福避祸的生活写照。

在古代，几乎所有的民族、部落都有着自己的社会生活各领域的巫术祭祀仪式，正是这种仪式奠定了早期人类社会结构和社会秩序的基础。任何违反巫术和祭祀观念、信仰、仪式的行为都将受到严酷的惩罚。因此，巫术和祭祀是依靠集体的力量来影响、控制客观事物的。英国人类学家马林诺夫斯基在《巫术科学宗教与神话》一书中认为："危险性较大的地方就有巫术，绝对安全，没有任何征兆余地的地方就没有巫术。"也就是说，正是由于存在恐惧心理，所以人们借助巫术和祭祀祛禳灾祸，增强生活的信心。

原始巫术和祭祀的原理就是要把人的意愿传达给神，再把神的旨意转告给人，希望通过神力来实现人类的愿望。为此需要有人在中间沟通天地、人神等，于是在社会上便出现了一个特殊的阶层——巫和觋，专门从事具有宗教性质的活动。这些人中，男性称之为"觋"，女性则称之为"巫"。

岩画中的巫术和祭祀图案，见证了原始社会人们的宗教信仰和内心的期盼，并为巫术和祭祀活动的发展演变提供了记录和证据。远古人类制作岩画的行为，实际上是一种带有宗教色彩的活动，而岩画是其仪式中所使用的工具，目的是召唤和祈求神灵时，有实体性的中间媒介，希望借助神灵的力量，来支配自然、控制自然，以追求幸运、避免厄运。在我国北方地区的贺兰山一带和南方地区的连云港等地发现的诸多巫术和祭祀图案，

贺兰口巫师神图案岩画

如蹲踞式人物舞蹈和人面像等，或多或少之间存在有相同的巫术与祭祀活动联系。

  我国岩画中的巫师或祭司形象较为特别，一般情况下，以全身正面来面向观众，有些头上有装饰物，双臂向上、五指打开，下半身双腿以最大限度分开，脚尖朝外，这种样式的人物图案就是巫师或祭司，其在画面表现的空间中所处位置往往是中心或前方。可见，巫师或祭司在原始社会乃至古代社会中是具有一定威望与地位的。在祭祀仪式中，巫师或祭司作为仪式主持者扮演了极其重要的角色，他们既是族群中重要的领导者，也是能够代表族群与天地神灵沟通的人。因此，在神圣空间中，他们是多种关系互动与关照的关键，所以在一个部落群体中巫师或祭司的社会地位往往很高。

贺兰山祭祀图案岩画

　　发现于贺兰口的大小巫图案岩画，画面中的两个巫师双臂外伸，屈肘上举，五指分开，两腿叉开，屈膝蹲踞，双脚朝外，做舞蹈状，似蛙形，这种图案在新石器时代的彩陶上也有发现。

　　贺兰口发现的另一幅巫师图案岩画，画面中的巫师腿部为半蹲状，双手向上，戴着装饰，似乎是在进行祭祀活动。祭祀活动也是原始巫术中不可忽略的一部分。

　　原始巫术在当今社会生活中还有一定的影响，如在陕北地区的剪纸中，一些流传已久的图案体现了某种神灵信仰的观念，并且带有原始巫术的神秘和迷信，如其中的招魂娃娃、棒槌娃娃、扫天婆等都和原始巫术有关联。

贺兰口大小巫图案岩画及线描图

  有学者认为，我国礼制的诞生就同原始祭祀活动有着密切的联系。礼制起源应在旧石器时代晚期，其依托便是原始祭祀。旧石器时代，社会生产力水平落后，原始先民以渔猎采集为生，他们在生存中产生了万物有灵的观念，形成了对自然神的畏惧和崇拜。新石器时代，随着生产力的发展，人们逐渐产生了灵魂不灭的观念，认为死去的人，特别是首领和英雄人物，在另一个世界仍然以灵魂的方式存活。所以人们只要虔诚祈祷，并举行一定的仪式，就可以把长生不死的生命力转移在自己或本氏族身上。人们为获得祖先的保佑和神秘的长生力量，开始在祭祀中形成一定的规范、秩序和准则，久而久之，固定了下来，成为礼制的雏形。伴随阶级、国家的产生与发展，礼制在原始祭祀的基础上一步步走向成熟，成为规范行为、巩固统治、稳定社会的文化现象。

贺兰口巫师图案岩画

古人眼中变幻的宇宙

"天何所沓？十二焉分？日月安属？列星安陈？"远古先民面对遥远的、未知的天体，总是充满了好奇。他们对浩瀚无垠、神秘莫测的宇宙进行长期的观察，通过制作对应的岩画向社会传送信息、表达情绪，构建起人与自然和社会的对话。

  贺兰山岩画中存在大量的天体符号图案，特别是一些形似太阳、星辰等天体的图案，体现了远古时代人们对太阳东升西落、月亮阴晴圆缺、星星闪烁的关注和崇拜，说明在远古时代，人们就开始观察天体的运行，思考天体与人类生活之间的关系。

  符号和图形等形式的天体岩画创造是非常早的，在世界范围内，四五万年前就有这种创造。这类符号和图形虽具有相同的总体外表，如刻画星星表示天空、圆圈表示太阳、半圆圈表示月亮等，但它们的组合缺少恒定性，似乎每次出现都不一样。

  贺兰山出现较多的天体图案，究其原因，首先，要得益于其所处的较

贺兰口太阳图案岩画

为独特的地理位置。贺兰山一带地势相对空旷开阔、山体巍峨雄壮，攀爬在贺兰山间，能够感受到自然的广阔，伸手仿佛能够触碰到天空，这对于古人来说大大方便了他们观察星空。其次，古人对宇宙天体的认识和记录反映了人类天文观念的萌芽。古人在这里仰观宇宙天体，对日月星辰产生了巨大的好奇心，强烈的求知欲使他们希望掌握日月星辰的神秘规律，同时对变幻莫测的日月星辰怀有无限崇拜之情，久而久之对宇宙天体的形象和布局也有了一定的掌握。按照古人肉眼获得的天体的视觉印象所创作的日月星辰图案，反映了古人对宇宙初始的天文观念。最后，日月星辰在古人的心目中不但有灵魂，而且具有超人的力量。为了祈求与大地万物有千丝万缕关系的宇宙天体给予自己庇佑，远古人类遂产生了名目繁多的祭祀活动以沟通人神之间的关系。

贺兰山南段青铜峡牛首山发现的一组岩画上阴刻有 3 个圆形的太阳图案，这幅太阳运行图案与牛首山处观测到的太阳运行轨迹基本吻合。这说

青铜峡牛首山太阳图案岩画

明古人不仅仅记录了他们对自然界中存在的宇宙天体的认识和理解，还表达了对日月星辰的崇敬，希望能够借助日月星辰图案实现自己的美好愿望。不论是中国还是其他出现天体图案的地区，创作者们都认为天体运行与自己的生活息息相关。他们期望能够掌握日月星辰运行的规律，便于更好地在自然界中生存，因此产生了对宇宙天体的崇拜之情。这种崇拜之情自古而然，一直延续到近现代。

在中国古代的信仰体系中，有着不少星辰崇拜的内容。当时人们想象中的天界秩序中，星辰占据了重要地位。星象与收成、兵战、个人健康甚至家国的气运等都存在着神秘的联系。有的星象出现，预示着"疾疫"；有的星象出现，预示着"饥馑"；有的星象出现，预示着战争或者政治变乱。在古代的日书中，可以看到根据星象判断行为宜忌吉凶的内容。在"天人感应"背景下，天上的星辰名号，有时可与世间某种社会身份对应。

在文物考古发现中，多有表现天际星座的画面。如曾侯乙墓出土的箱盖漆文中的星象、马王

灵武马鞍山沟天体图案岩画

堆汉墓出土的帛书有"敢告东君明星"等文字、新疆维吾尔自治区民丰县尼雅遗址出土的织锦上有"五星出东方利中国"等文字、西安交通大学出土的西汉墓葬壁画中的二十八宿星图、南阳画像石星象图等。马王堆帛书中所谓"明星",指的是以其神力影响人身体健康与命运前景的天星。这里的"告",应是指请示、祭告一类在神圣语境中的对话形式。这类文物

贺兰口太阳与星星图案岩画

均显示了当时人对"星"的崇拜。

自古及今，人们对于天体星辰的崇拜从未曾减弱。当今社会，人们还把自己的出生和星座对应起来。当我们仰望星空之时，千百年前的人们也在仰望，那一刻我们仿佛处在了同一时空下，在一起寻找夜空中最亮的那颗星。

神秘未知的原始符号

符号本身是一种媒介,用来传达某些信息。符号岩画大多是在对原物象进行写实性描绘的基础上,进一步地提炼和抽象概括。岩画中符号图案所处的"环境"不同,代表的意义也有所差别,但少数符号图案已经形成固定的模式,代表了固定的意义,甚至成为文字的雏形。

在世界各地的岩画中,总会发现一些存在于图画中间的各种各样的符号,这些符号图案是区别于各种具象型图案的一种特殊的抽象型图案,它造型简单,程式固定,出现频繁但又难以破解。有学者推测,岩画中奇形怪状、又具有象形意图的诸多符号可能是史前人类在文字没有产生之前的记事图画。这些符号除了对各种已认知的动物进行大量的形象刻画以外,还对人类的生产活动和生活场景进行了客观的记录,给后世探索、研究、了解史前人类社会留下了大量的、直观的、极其珍贵的实物资料。

贺兰山岩画中,同样存在有众多的、令人费解的符号。有些是对具体形象的一种简化,有些是对客观事物的一种抽象记录,有些则是不能判断

银川世界岩画馆绘奇号图谱

贺兰口符号与人面像岩画

其源于何种物体的图形。这些不具备物象写真特点但又形象化了的符号，几乎占了单体岩画数量的一半。这类符号主要分布在贺兰口、灵武、石嘴山等地，按照图案形状大致可以分为生殖符号、图腾符号、自然物象符号、"文字"符号、指示符号等。

生殖符号图案是贺兰山岩画的代表性图案之一，在贺兰口发现较多，以象征阳性的男根符号较多。这是先民们祈愿部落繁衍、人丁兴旺的具体表现，也是先民们生殖崇拜的集中反映，表现了原始先民强烈的生命意识，带有神秘的宗教信仰感情。在远古时期，生殖崇拜比较流行，这是世界范围内普遍存在的现象。

贺兰口羊头人面像岩画

贺兰口鸟形图案岩画

　　象征图腾崇拜的符号图案是贺兰山岩画中的又一流行符号。先民认为人与动物、植物之间有着一种特殊的血缘关系，每个氏族都起源于相关的动植物，这种动植物就是该氏族的祖先、保护神，也是这个氏族的徽号、标志和象征。如羊图腾符号，在北方游牧民族中曾广泛流行过。先民们在长期祭拜羊图腾的过程中，经过高度精练，把羊头的正面形象抽象概括为我们今天看到的这种符号。这也标志着古人对图腾物本身的认识有了进一步的发展，使这类符号具备了羊的象形文字雏形，适应现实需要的同时也具有了实用性。再如鸟图腾符号，其造型大多为中间一个展翅飞翔的鸟，左右有相对称的类似葫芦的图案。贺兰山鸟形图案岩画就是一个典型，刻画者没有对鸟的躯干进行细致的刻画，而是对鸟的翅膀进行了提炼和概括，显然已经认识到鸟之所以能飞翔是归功于翅膀，因此在刻画鸟的时候对翅

贺兰口"寿"字符号岩画

膀进行了夸张的表现。

自然物象符号图案是人们对自然界万物进行提炼和概括后刻画而成的,包括天体星辰、水草田地、实用工具,等等。这些已经形成符号的岩画,是先民们在经历了漫长的"写实时期"之后产生的,它不再是具象的描绘而是对特征的提炼。

形似"文字"的符号及指示符号图案,在贺兰山岩画中也发现了数十幅。应该说,这种符号图案是一种更高级的记事符号,是一种图画文字,笔画一般是不固定的,多种符号字形并用,还没有形成成熟的文字。贺兰口的一幅符号岩画与中国汉字篆体的"寿"字几乎一样,这是一种巧合还是本意为"寿"字?要解决这个问题还需要对这组岩画进行断代,同时要对这种写法的"寿"字追本溯源,这需要一定的时间和过程。还有"雨"字岩画,

贺兰口"雨"字符号岩画

石嘴山高伏沟圆形符号岩画　　　　　　　　灵武三道沟螺旋符号与动物岩画

贺兰口符号与动物岩画

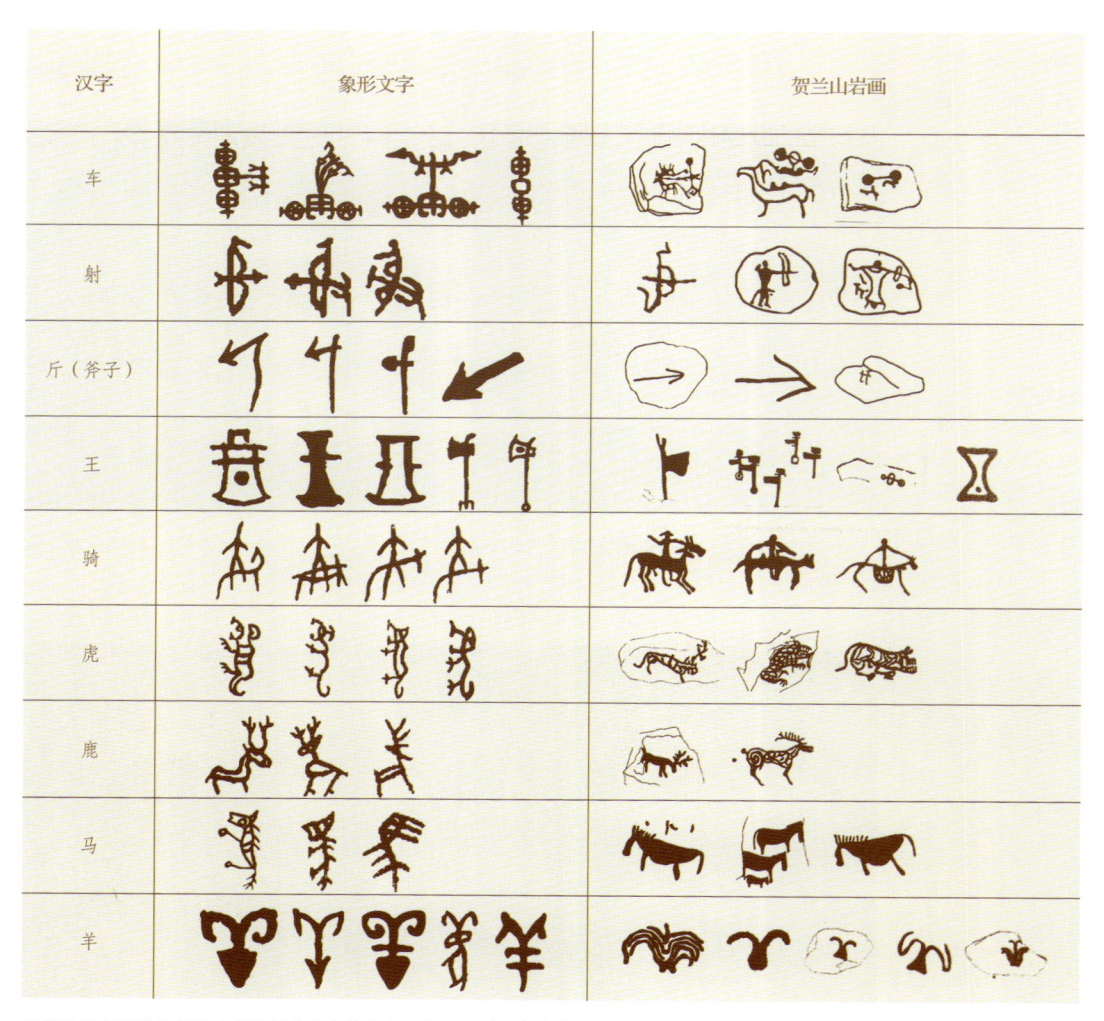

汉字	象形文字	贺兰山岩画
车		
射		
斤(斧子)		
王		
骑		
虎		
鹿		
马		
羊		

银川世界岩画馆绘贺兰山岩画部分文字符号与汉字、象形文字的对比

从汉字的发展脉络上来分析，这个"雨"字符号已经发展得很成熟了，虽然目前还不能确定它就是文字，但从中可以反映出文字发展的渊源和脉络。这类符号也是研究文字十分重要的史料。

其他如石嘴山高伏沟圆形符号岩画、灵武三道沟螺旋符号与动物岩画、贺兰口符号与动物岩画等，其中的图案与甲骨文中的象形符号、指事符号和会意符号有异曲同工之妙。

贺兰山岩画中这些符号的出现和应用，已经具备了文字的性质，是文字出现的前兆，是史前人类走近文明的先声。

铁马冰河 刀剑相向

不论是原始部落时期还是现代文明社会，各种形式的战争归根结底都是为了争夺生存和生活资源，贺兰山一带也不例外。贺兰山岩画中，出现了多幅规模或大或小的有关争斗的图案，为后人研究当时人们的社会生活状态提供了形象的依据。

  人类从茹毛饮血、刀耕火种的原始社会发展到今天科技发达的现代化时代，有赖于一代又一代人的智慧与劳动，人类不同社会群体之间的交流与融合也起到了重要作用。人类发展进步过程中，从古代到现代，交流与融合的方式有和平也有暴力冲突。贺兰山岩画中的争战图案就是远古部落和古代民族之间战争的实物资料。

  贺兰山南端的中卫市境内，发现了多幅争战图案岩画。中宁县内石马湾的骑马争战图案，画面中两个人骑马相对而立，其中一人的马后似乎跟着一只羊，另一个人向后伸手，两人似乎是在争执。

  大麦地岩画中的争战图案，画面上有骑马射箭人物，站在马前面的人

中宁石马湾骑马争战图案岩画

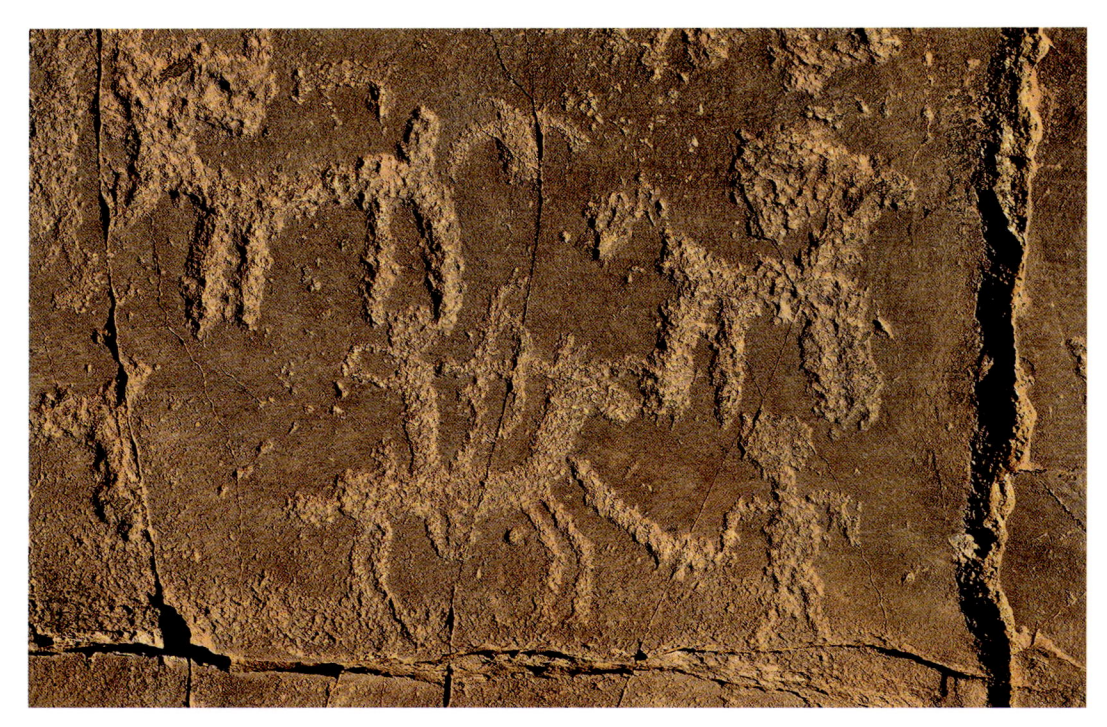

大麦地争战图案岩画

物呈行走状，周围还有许多动物，或许这幅岩画表现的是在战争中胜利的一方，押解俘虏回到部落时的画面。同样的，争战图在灵武和青铜峡岩画中也有发现。

贺兰口岩画中，也有一幅较为典型的争战图案，画面左侧两人前后站立，前方的人横挎腰刀，手执弓箭，蓄势待发，后方的人则为其挥舞呐喊，两人的上方还有一符号；画面右侧的人双手平举，似在阻挡弓箭，其后方还有一个矮小的人及多个符号。从岩画的细节描绘上我们会发现，画面中的三个人都是男性，并且身着宽大的衣物，右侧人物头上还有装饰物。画

贺兰口争战图案岩画

面整体生动形象，能够从双方对峙中感受到当时紧张的气氛。

不论是中国还是世界、古代还是现代，同地域或者不同地域的政权、民族之间，都存在或大或小的战争。从生存环境而言，生活在北方贺兰山地区的游牧民族，他们的生存环境经常面临干旱、寒冷等极端天气，所以当部落遇见灾害天气或者人口剧增时，为寻求新的生存发展空间往往会选择向外扩张。游牧部落不单会发动对其他部落或者民族之间的战争，有时还会掠夺周边的农业地区的资源和人口。从生活方式而言，狩猎游牧经济与军事行动密切结合的生活习惯是贺兰山游牧民族经济的重要组成成分和

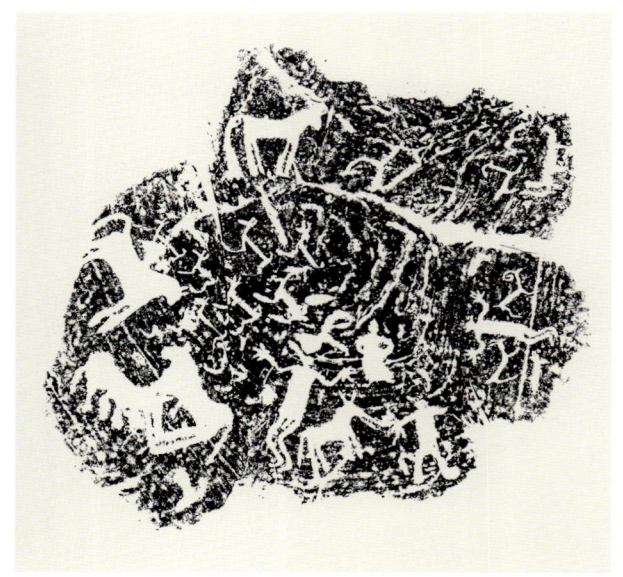

灵武争战图案岩画及拓片

社会生活方式，这种方式也为游牧民族的争战提供了良好的军事基础，有效磨炼了政权成员的意志品质。从生产资料而言，古代游牧民族往往依靠驯养牛、羊、马等牲畜生活，牲畜的占有状况往往有着较大的差别，争夺或扩充牧场、草场往往是导致争斗的原因之一。另外，畜牧业生产的物品不能完全自给自足，为了获得生活中必需的物资，游牧民族在友好交易之外，经常会诉诸武力解决问题。

战争虽然能在一定程度上解决游牧民族一时的问题，但是长期战争也会为其带来严重的隐患。首先，大规模、持久的战争会严重影响畜牧业生产的正常进行。为了抵御各种突发情况和自然灾害，防止草场载畜量过大，

青铜峡口子门沟骑马争战图案岩画

游牧人群需要随时移动，而大量青壮年劳动力参与战争，十分不利于畜牧业生产。其次，大规模战争会造成劳动力的大量损伤，这对参战双方都影响深远。负责日常放牧、转场，选择游牧路线、搭建毡帐等繁重工作的男性丧失，对游牧民族来说是极为严重的损失。最后，长期大规模战争容易在部落政权内部出现矛盾与分裂。战争的胜利可能会增强部族首领的威信，提高部落的凝聚力，但是也会带来争权夺利。而战争失败必然会造成严重的物资匮乏、人员伤亡。

　　古人日以远，我们只能从古人留在岩石上的战争图案中，想象与探索原始社会乃至封建社会游牧民族的争战原因和当时战马嘶鸣的争战场景。

原野上驰骋的交通工具

车是形制较为复杂的交通运输工具，贺兰山岩画中出现的车辆图案和马拉车图案，一方面反映了岩画制作者的生产生活和贺兰山一带交通运输工具的演变，另一方面也为研究中华车辆文化的起源和传播提供了新的思路。

我国是世界上较早发明和使用车的国家之一。古人运送物品，最初主要靠背负、肩扛或手提、臂抱；后来人们学会了绳曳法，将绳子系在物品上用人力拉曳；再后来人们又利用树枝做架，树杈之间绑以横木，横木触地，其上载物，即所谓橇载法；随后，人们把圆木垫在木橇之下，借圆木的滚动而使木橇移动，这种圆木与木橇的结合，可以说是车的雏形，装在木橇下的圆木可以看作最原始的"车轮"。后来，车轮就逐渐演变成用圆木砍制成的没有辐条的圆盘。再后来，为了不受圆木直径大小的限制，人们改用木板拼接圆盘。有了更好的车轮，车轮滚动中减少了与地面的摩擦，这样制作的车既省人力，又可多载重物，还可以长途运输，现代车的雏形随之问世。

最先发明轮子的那个人是谁，又是谁第一个造出了带轮的车辆，已经无法知道了。总之，轮子带领人类将流动的方式由移动飞跃到滚动。在世界范围内，公元前 2000 年左右，黑海附近大草原的几个部落来到底格里斯和幼发拉底河流域时，已经开始用马拉有轮子的车，这种车轮有轮辐，而不像早期的车轮那样是整个木头块做成的。此后的 1000 多年时间里，这种马拉车成为世界各国主要的长途运输车辆，并在此基础上产生了四轮马车，将人、物从一个地方快速地运到另一个地方。到了 17 世纪，四轮的公共驿车承担了几乎所有的长途客运任务，为陆上旅行繁荣增加便利，而更精致的私有马车则逐渐成为王室贵族身份的象征。历史发展到 19 世纪，马车仍然是城市十分重要的交通工具。20 世纪初期，四轮马拉的驿车在与蒸汽列车的斗争中落败，马车的黄金时代宣告结束。

我国马车的发展经过了长时间的演变，相传黄帝时就有马车，常用于战斗之中。春秋战国时期，战车成为一个政权军队中的重要武器装备和衡量一个国家实力的标准。汉代，随着骑兵的兴起，战车逐渐退出了战争舞台。秦始皇陵出土的两辆大型彩绘铜车马，就是秦汉时期车辆的典型代表。

历史上，生活在贺兰山一带的游牧民族在日常生活中经常伴随着迁移，在迁移的过程中就需要车辆来运输生活所需物品，所以，车辆是贺兰山周边居民的生活必需品。贺兰山中从北向南，在石嘴山、青铜峡、中宁、中卫等地的十余个岩画点都有发现关于车辆的岩画图案，形式较丰富，车辆和车轮的构图、形制多样。我们根据画面中的车辕、车轮和马匹等，大致

青铜峡四眼井车轮图案岩画

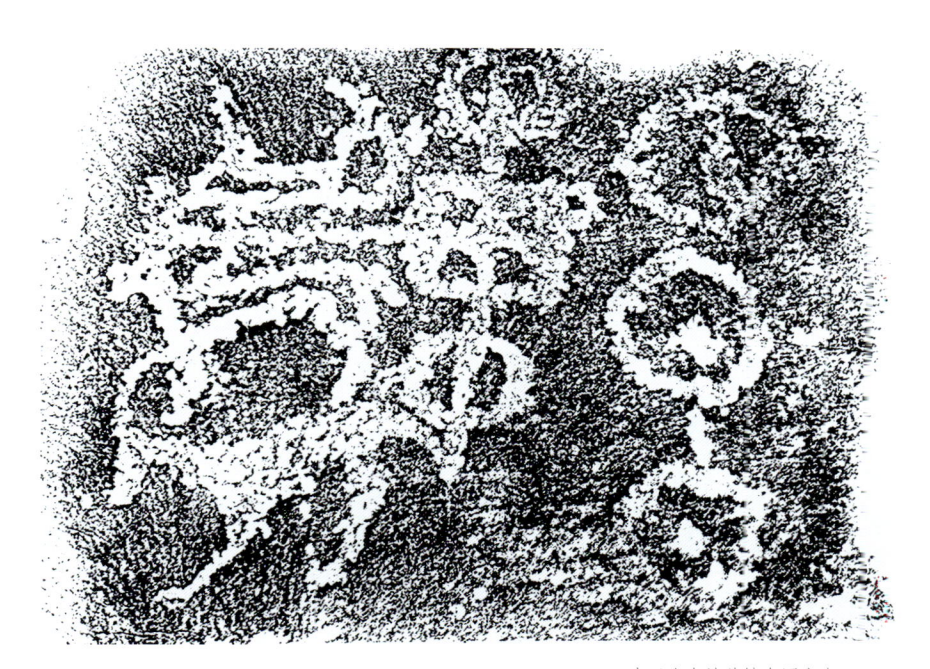

中卫大麦地单辕车图案岩画石片

将贺兰山的车辆岩画分为车轮图、马拉车、单辕车、双辕车等车马图。

青铜峡四眼井车轮图案，画面中有一个单独的车轮，11根辐条对称镶装，轴头呈圆形并有符号，右侧符号像是一个平放着的"天"字。在岩画中单独的车轮图案可能就代表一辆车。狩猎场面中的车轮图案，可能暗示着车的用途与载运猎物有关。相似的车轮图案在石嘴山大树林沟岩画中也有发现：画面上方是一幅狩猎图，猎人手持弓箭，侧身而立，射中一只羊；下方是一个车轮图案，轴头呈圆环状，车轮缘部较宽，中间均匀地镶有辐条。

青铜峡马拉车图案岩画，整幅图案形象生动、自然古朴、题材独特，体现出了早期马车的形制特点。青铜峡四眼井另一幅马拉车图案，车轮有

青铜峡马拉车图案岩画拓片

6根辐条，车轮内的辐条均匀地分布着，车前有马做拉车状，双辕。青铜峡四眼井还有一幅双辕马拉车岩画图案，用一个高大的车轮代表车辆，有8根辐条，双辕，车轮中心有一圆形凿坑，凿坑表示轴头。这幅岩画在表现技法上，车轮不再是平置着，而是立着的，能清楚地看到车轮上的辐条，车形呈侧视之状。这幅画体现的是晚期车辆，车轮辐条数大大增加，而且双辕，比早期单辕车要进步得多。

青铜峡四眼井马拉车图案岩画拓片

　　中卫大麦地岩画中有形似单辕车的图案，双轮较小，没有辐条；单辕，辕两侧各有一匹马；两匹马均呈直立站姿，背靠辕；车舆和车轴也刻画得比较清楚，车舆较小，呈圆形。青铜峡芦沟湖、中宁石马湾岩画中都有单辕马拉车。这种双轮单辕车图案，与中国中原地区殷周时期的车辆形制相似，在中亚等地的青铜时代岩画中也有同类型图案发现。双轮单辕车的使用，表明最迟到青铜时代贺兰山地区已有便利的道路交通工具。

原始足迹图案中的奥秘

远古时期，有着无数的谜团困扰着人类：为什么太阳东升西落？为什么会有风雷雨雪？为什么每个动物的爪印、蹄脚印都不一样，每个人的手印和脚印也不一样？……远古人类在日常生活中，对具有特殊功能和创造能力的手进行崇拜，对人的脚印和动物蹄印的痕迹进行模仿，期待着美好愿景的实现。

　　人的手印是世界各地岩画中较为常见的图案之一，最早出现于旧石器时代晚期，是一个古老而广泛的岩画题材。今人深入研究，提出了三种推测，或许能推测出其中的蕴意。

　　第一，手掌印可能表示祭拜仪式。在原始社会，人们对上天或者神灵都有虔诚信仰，祭祀是日常生活中的头等大事，以手印的形式将对神灵的虔诚崇拜刻画出来，警示民众遵守神灵的指引。

　　第二，手掌印代表定情礼仪。有的学者认为，这些手掌印大部分看起来十分纤细，推测是年轻女性或者是年轻男子的手印，他们为了向上天神灵表明相爱，祈求神灵赐予祝福，于是留下了手印图案。

贺兰口手印、人面、人体、牛、羊图案岩画

第三，手掌印代表着占有。部落之间经常为争夺土地和猎物发生战争，而获胜的一方就可以得到失败方的土地和猎物。获胜方为了宣告主权，便在岩石上刻画了手掌印和猎物，而人面就是神灵的见证，手掌印表示占有了土地和猎物。

贺兰口有一幅手印、人面、人体、牛、羊图案组成的岩画，具有独特性。整体图案中，手印连着手臂，手指纤细、修长，表面看应是一只女性

中宁黄羊湾手印图案岩画

的手。这种连着手臂的手印图案在世界各地的手印岩画中非常少见，而连着手腕的女性手印岩画，更是少而又少。在手印下方，刻画有一只面向手印低头的羊和一只前腿下跪的牛。在手印上方，有一个环眼的桃形人面像，在人面像的下面，是一个双臂扬起的人体图案，还有稍小一些的牛和羊图案。这幅岩画为磨刻制作，刻槽不仅深而且圆滑，疑是金属工具所磨制，可能制作年代较晚。仔细观察，这两个手掌印的大拇指都在同侧（右侧），这与正常的手指显然不一样，只有两只手掌心相对合才能形成如此手印。对于这幅岩画图案的解释，今人认为，手印代表权力和占有，人面像代表

石嘴山高伏沟手印图案岩画

着神的形象，人体图案代表部落族人，牛、羊代表动物财富。大概意思为，这是一幅具有契约性质的图画文字岩画，在文字出现之前的母系社会，一个部落征服了另一个部落，被征服部落的牛、羊等财富都归征服者所有，这种占有由神和人作证，这个契约镌刻在岩石上是永恒有效的。

中宁黄羊湾岩画中有双手印图案，凿刻制作，手印手指修长，姿态优美，一看便是女性手印，手印上下方有岩羊群和鹿。这体现的也是母系社会部落首领占有了这块地方，迎来了胜利，征服了其他部落。

石嘴山高伏沟的手印图案和青铜峡芦沟湖的手印图案画面结构布局与

青铜峡芦沟湖手印图案岩画

黄羊湾手印大同小异，蕴意大致相同。

　　人的足印图案，是世界范围内较早的岩画题材之一，表现了人对自身的崇拜。人类有了脚，可以行走，说明脚有着特殊的功能。在我国古代神话故事和传说中，足迹与生殖的关联并不少见。类似华胥履迹生子、姜嫄感应生子的例子耳熟能详。因此，国外有学者认为足迹代表了男子性器，履迹便代表了交合。

　　人的足印图案岩画分布于欧洲、亚洲、北美洲等世界各地。在我国，岩画分布地区新疆、宁夏、内蒙古、福建及台湾，均有足印图案发现。在

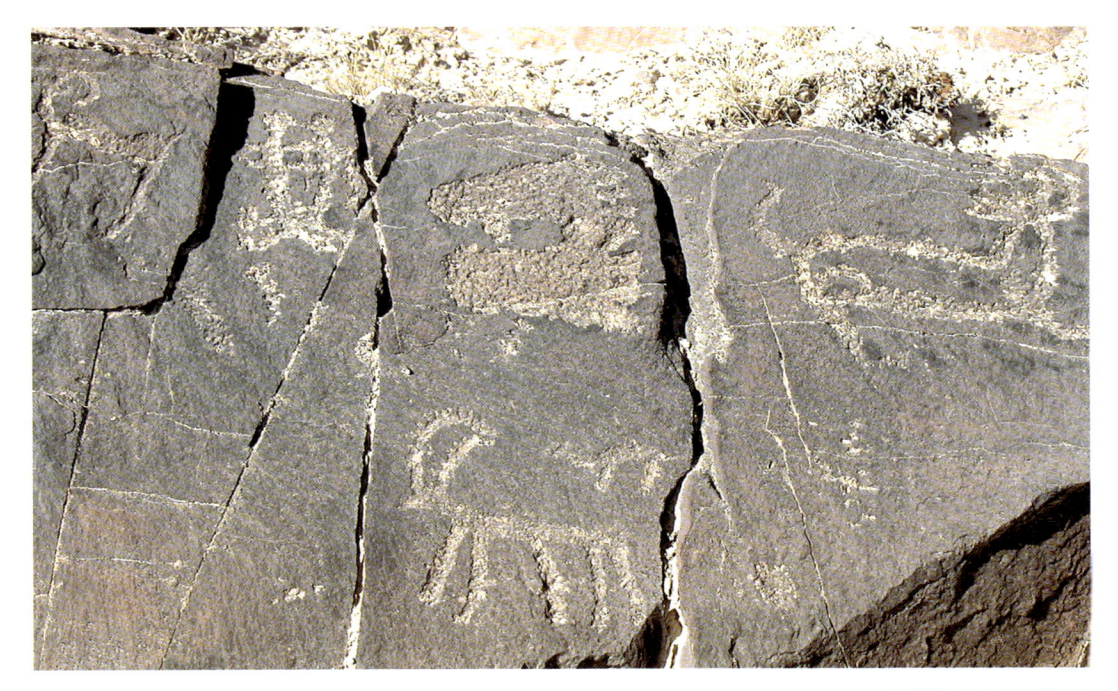

中宁黄羊湾足印图案岩画

宁夏贺兰山岩画中足印图案较多，贺兰口、青铜峡沙石梁子、中宁黄羊湾等地均有人类足迹图案岩画。

其中，贺兰口洪积扇荒漠草原上，发现了一块石头上刻有两个脚印，两个脚印左右对称，10个脚趾和脚的轮廓线均为阴刻，脚掌则以细密的凿点组成。

中宁黄羊湾岩画中的男女足印图案，刻画了一男一女各一只脚，右边同时刻画了男女交媾的场景，周边鹿、羊环绕，线条简练，造型生动，描绘了一幅远古社会人与自然和谐的景象。

中卫大麦地虎爪和羊、鹿等动物蹄印图案岩画

  岩画中牛、马、羊等动物的足印也是常见的岩画题材之一。今人对动物足迹图案大致有三种解释：一是表示对动物的崇拜；二是表示对生殖的崇拜；三是指动物行走的方向和活动范围。与贺兰山临近的阴山之北乌兰察布草原，是足印岩画最密集的地方，几乎所有的丘陵岩石上均有足印分布。我国古代文献中也有许多关于足印岩画的记载，如《水经注》和《汉书》

就记载了马、鹿等动物蹄印和人类足印等岩画。除贺兰山及附近地区外，今天我国的青海、陕西、山东、四川等省区也发现有马蹄印岩画，河南等省有鹿蹄印和犬、虎爪印等。

中卫大麦地岩画中的虎爪和鹿、羊等动物蹄印是贺兰山岩画中这类图案的代表，画面中有北山羊、鹿和老虎等动物图案，同时刻画有羊、鹿蹄印和虎爪印。

岩画中无论是人的手印、足印还是动物蹄印，这些岩画的发现都为我们展现了一个时代人类的生活场景，或许我们今天还无法确定这些岩画在当时的真正作用与意义，但这并不妨碍我们对于这些岩画的思考与永无止境的探究。

击石拊石 百兽率舞

舞蹈,从诞生开始,就被赋予了各种内涵:赞美颂扬、鼓励渴望、模仿恐吓等。孕育于舞者内心的无形情感,将通过人体动作和表情,有形地传达给观众。不论是生活、劳作还是祭祀等的舞蹈,总会给观众带来情感上的感染,引起观众的共鸣。

  舞蹈,在早期人类活动中,并不是娱乐项目,而是巫术祭祀活动的一部分。远古时期,舞蹈是人们交流思想和感情的一种方式,随着人类生产生活的变化而产生并变化。在日常劳作中,手拍脚踏,在连续重复过程中,就产生了有规律的节奏,再伴以呼喊或打击石块、木棍,这样最原始的舞蹈就出现了。

  氏族部落时期,舞蹈具有了社交性和组织性。在部落组织散漫和生活不安定的状况下,需要有一种社会力量使氏族成员团结在一起,舞蹈就是产生这种力量的重要手段。原始舞蹈总是集体性的,每逢人们在生产或生活中遇到情绪激动的事时,便会不自觉地"手之舞之,足之蹈之"。部落成员有目的地集合在一起，集体有节奏的、重复性地做出某种动作，祈求某项事情，遂形成了图腾舞蹈。由于文献资料匮乏，原始舞蹈的详细情形我们难以描述，有专家推测，当时的舞蹈场面应该是一部分人模仿狩猎时的情景，另有一些人装扮成"百兽"，学着动物的样子集体起舞。

进入奴隶社会后，产生了巫舞。巫师作为人与神之间的桥梁，是巫舞的主要表演者。在巫舞中，歌声和舞蹈作为主要表现手段，制造出一种神秘的气氛，以保证巫术的成功。奴隶社会末期，巫舞逐渐向娱乐统治者的方向发展，男巫开始改为女巫，巫失去了原来受崇拜的地位。

到了封建社会后，宫廷舞蹈开始大规模地发展，分为祭祖性质的乐舞和宴饮助兴的乐舞。中国的汉唐时期，是宫廷舞蹈发展的两个高峰。宫廷内设有专门管理乐舞的乐府、太常寺、梨园等机构，训练和培养宫廷乐舞演员和乐员。

在国外，古希腊、罗马的宫廷舞蹈是很兴盛的。西罗马灭亡后，娱乐性舞蹈被禁止，但带有世俗性质的民间舞蹈却独立于宗教舞蹈之外而进一步发展。到了17世纪后，以社交性质为主的娱乐舞蹈，吸收了若干种舞蹈形式，适应了宫廷中的社交仪式，成为西方社交舞蹈的主要方式。20世纪初，现代舞在西方兴起，又在现代主义的思想影响下产生出许多舞蹈派别，建立了一套自己的表演体系和理论体系。

贺兰山岩画中的一幅双人舞图案，现藏宁夏博物馆。画面中一男一女两位舞者款款起舞：位于上方的女性舞者体态婀娜，舞姿轻快柔美，他的

宁夏博物馆藏贺兰山双人舞图案岩画

双臂一前一后，形舒意广，动作像是仰望又像是俯身，像是来又像是去，那样地从容不迫，又显得惆怅不已，心情难以言表；画面下方的男性舞者身体健壮，舞姿刚劲有力，精神抖擞，上有头饰，下有尾饰，手臂平举，像是步行又像是倾斜。整体画面布局合理，由简单、流畅的线条构成舞者的四肢和躯干，利用线条的长短、粗细、疏密，刻画的深浅、曲折等艺术手法，表现出无限丰富的感情，造型逼真、十分有趣。有人把这幅岩画称

贺兰口连臂舞蹈图案岩画

中宁黄羊湾舞蹈图案岩画

为"肩膀上的芭蕾"。

　　贺兰山贺兰口岩画中有一幅连臂舞蹈图案，画面中一人领舞，其他六名舞者连臂起舞，站在他们后面的人很可能是祭祀仪式中的主祭司，每个舞者头上都带有类似光环的弧线，预示着他们具有通神的能力。舞者们的面前是一匹体态肥硕的马，那是准备献给神灵的祭品。这种连臂舞是古人集体舞蹈的一种重要形式，既代表集体力量的凝聚，也代表了信息的传递——人们在进行最神圣的社会活动。其中，还包含了以马祭神的场面。

中宁黄羊湾岩画中也有一幅舞蹈图案，图案中的人物，双手夸张成一对张开的翅膀，头部与躯干扭动起舞，头仰望天空，腿部下蹲。造型生动富有现场感，创作者超凡的想象力令人叹服。

时间在流逝，时代在变幻，但是人类用自己的肢体表达繁复多样情感的方式不会发生变化。不同的舞者，将自己内心的无形之情，凭借训练有素的人体，外化为生动可见的形象，期待观众的共鸣，这才是舞蹈永恒不变的意义吧！

气势高昂　呼声震天

在贺兰山岩画被科学发现之前，我国学术界对中国体育史的研究，大多以商周及以后的考古材料为依据，体育萌芽和雏形的材料少之又少。贺兰山岩画中的各种运动图案，为追寻中国远古时期体育活动发生和形成的脉络提供了重要线索。

　　在旧石器时代晚期，人类的社会活动主要分为求食（采集、渔猎）和攻防（对野兽和对其他人群的进攻和防卫）两大类。为了生存，人类发明、学习使用各种辅助工具，早期体育活动就这样以教育或娱乐雏形的方式进入了人类历史大舞台。

　　贺兰山东麓诸多山口内外，相继发现了体现原始游牧民族体育形态的岩画图案，在这些岩画中，我们能看到射猎、投掷、追逐、奔跑、跳跃、叠立、攀登等各种体育活动的图案。

　　宁夏博物馆藏有一幅灵武发现的射箭图案，画面中的射箭者弯弓搭箭，呈射击状。

宁夏博物馆藏灵武射膏图案岩画及拓片

贺兰口投掷球体图案岩画

在贺兰口有一幅投掷球体岩画，用抽象简单的图案刻画了一名两腿分立的抛球者，两臂侧弯在抛掷石球。画面中左右一大一小刻画着两个手印，上方有一个空灵的头像和一个石球，下方有一只羊和一头牛。有人认为，图案中头像表示神灵的见证，两个手印表示力量和技巧。在这样的抛玩石球或捕捉动物的场景中，神灵会通过萨满表现出来，萨满是主持者，是神人之间的中介，有神灵作证，表达了对体育或者说是狩猎活动的重视。

贺兰山北段大西峰沟刻画有一幅野牛逐人图案，生动形象地再现了人

石嘴山大西峰沟野牛逐人图案岩画

与野兽之间的斗争。这种你死我活的斗争要求人类具备较强的力量、较快的速度，还要有一定的灵活性和斗争技巧。从这幅岩画也可以窥察出古人产生体育运动的社会条件。

灵武岩画中有一幅较典型的奔跑者图案，创作者采用粗犷的形体来表现两腿的摆动姿势，与现代田径赛中跑者的形象作对比，差别也是不太大。图中跑步者腿的后摆动作充分、前摆轻松，使整个动作都比较协调。

黑石峁有一幅岩画，一个有尾饰的跳跃者将双手伸开，做出一个明显

灵武奔跑者图案岩画

的腾空跨越动作，胯下似是一只山羊。这个跳跃者的形象有一个突出的特点，就是着重表现人体跃起的高度，运动者的四肢轮廓清楚，线条刻画出了动作的弹性，并且有意识突出四肢。

贺兰山岩画中非常引人注目的还有那些叠立图案。根据当时社会经济

中宁黄羊湾叠立图案岩画

发展的情况来看，不可能出现专门的娱乐性表演活动，所以这种活动反映的是"生产的特殊方式"。当时贺兰山一带草丰林茂，果实遍野，原始先民们需要花费大量的时间来维持生存，采集成为当时重大的社会生产活动。人们为了采集到果实，常常要攀爬果树，面对又高又粗的果树，仅仅依靠一个人的力量往往是不行的，于是，人们就创造了以两人甚至三人叠立的方式上树去摘取果实。中宁黄羊湾的这一幅叠立图案岩画，真实地再现了当时的生产场景。这幅叠立图案的构思是：下面支撑者用手帮助上面人物保持平衡和稳定，其腿部动作最突出的就是马步；为保持稳定，上面站立者双手平举，类似体操的"双手侧平举"，腿部动作最突出的还是"马步"。该图案虽然表现了原始社会的采集活动，但也为我们了解原始社会后期的文娱活动提供了形象生动的实物资料。

人类基本的运动形式是走、跑、跳、攀、掷，这是早期人类为了自己的生存所必须具备的能力，是人类最原始、最早的体育活动。

虽然走、跑、跳、掷等是人类最原始、最基本的自然运动形式，也是人类生存所必需的能力，但岩画发现之前，只能根据当时的社会生活进行推测。因为这是只具形体而没有实物的运动形态。所以，贺兰山岩画中奔跑和跳跃的图案给我们留下了早期人类运动形态的宝贵资料。

贺兰山岩画反映体育运动的图案大多呈现了质朴、粗犷的特点，表现的动作，有个人的、多人的，有圆形的、有一字形的，手和腿部的各种动作都很丰富。其中包含了许多表现"力"的身体操练形式。岩画中的叠立、徒手等各种操练活动，马步、弓步、扑步等形象，体现了早期中国体育发展的过程。

在原始社会中，特别是在语言、文字都极不发达的情况下，记录原始人类社会情况最佳、最有效的形式莫过于图画，这也是原始社会中人类最发达的艺术形式之一。贺兰山岩画不仅以生动的形象，极大的表现力和感染力再现了原始人类的社会、经济生活的各方面，而且为我们留下了极为珍贵的原始体育形象，为研究远古人类体育活动的起源、形成、发展，体育与生活、宗教、生命等各方面的关联提供了宝贵的资料。

恢宏、虔诚的宗教遗产

塔，源自古印度，两汉时期传入中国。最初是作为佛教建筑存在的，后来逐渐本土化、世俗化，通常由塔座、塔身和塔刹组成。宁夏在西夏时期，佛教氛围浓厚，修建了大量的佛教建筑，保存至今的也有不少。贺兰山岩画中的塔形图就是当时社会宗教信仰的反映。

  塔是一种在亚洲常见的、有着特定形式和风格的东方传统建筑，是一种供奉或收藏佛舍利、佛像、佛经、僧人遗体的高耸型点式建筑。在东方文化中，塔的意义不仅在于建筑学层面，而且还承载着历史、宗教、美学、哲学等诸多文化元素，是深入探索和了解东方文明的重要媒介。

  塔形图案在贺兰山岩画中比较稀少，主要分布在石嘴山市大武口区韭菜沟和中卫大麦地。韭菜沟有两组塔形图案岩画。第一组刻画有塔形图案7座、羊7只，7座塔顶上有装饰。塔层数目不一致，有奇偶之分。羊分布在石面正中，多数朝着同一方向前进，身体各部位均用粗线条表示，仰脖抬头，造型一致，线条简洁流畅，采用密点敲凿法制作。第二组刻画有2

韭菜沟塔形图案岩画

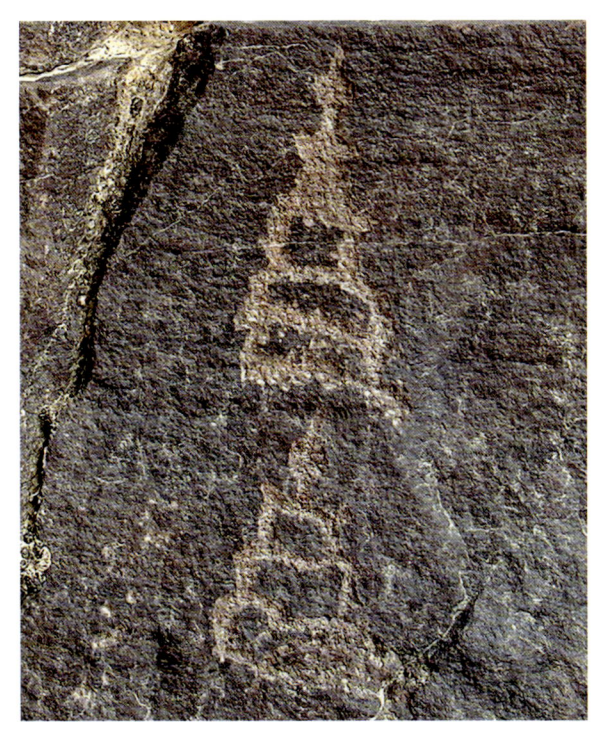

中卫大麦地塔形图案岩画

个塔形图案个体，塔顶上有装饰。塔层数目不一致，有奇偶之分。

　　中卫大麦地的塔形图案与石嘴山的塔形图案的形制大致相同。石嘴山的塔形图案具有自己的特色，塔体上带有佛龛。从造型上看，两地塔形图案多为方形基座，树状向下的半球体覆钵，钵顶的层数有所不同，有奇偶数之分，有的其上还覆宝盖、承宝珠，是典型的宋元风格的塔制，与唐宋时期藏传佛教塔的形状类似，足以说明当年这里受藏传佛教影响至深。

石嘴山塔形图案岩画

宋元时期，西夏地方政权的统治者崇信佛教，除自中原地区请经、翻译及雕印佛经之外，还致力于寺塔的建设，故其境内寺院林立。在今贺兰山东麓先后发现拜寺口双塔、贺兰潘昶宏佛塔、拜寺沟方塔（1990年被毁）、承天寺塔、一百零八塔和石嘴山平罗县的田州古塔、同心韦州康济寺塔等。这些古塔，在细部处理上各有特点，有的塔身上还有藏传佛教的影塑佛像。其共同点是底层特高，有简单的叠涩出檐、砌砖用黄泥作浆等，传承了唐代古塔的特点。时间较早、平面方形的拜寺沟方塔，唐代特色更明显。诸塔多为八角形密檐式高层砖塔，也是辽金时期北方盛行的塔式。

拜寺口双塔建造于西夏时期，坐落在拜寺沟口北边的台地上，双塔高耸，东西对峙，相距约80米。双塔均为八角密檐式砖塔，直起平地，不设基座，厚壁空心。双塔由塔身和塔刹两部分组成，塔身每层叠涩出檐，塔顶为仰莲瓣形刹座，承托数层相轮。东塔十三层，高34米，塔身外观收分不大，呈直线锥体，挺拔有力。第二层以上每层每面都有影塑兽面和彩绘图案。塔上有兽面两个，鼓目圆睁，左右并排，十分威猛，兽面之间绘云、日、月图案。西塔十四层，高35米，较东塔粗壮高大。第二层以上每层每面有竖置的长方形佛龛，龛内有影塑彩绘罗汉像和护法神像，转角处有宝珠火焰或是云托日月图案。这些影塑造像和装饰图案，布满整个塔身，使古塔绚丽多彩，美好壮观。双塔建筑风格既有中原砖塔的特点，又有藏传佛教的风格，是绘画、雕刻艺术和佛塔建筑艺术的巧妙结合，是中国佛塔建筑史上的艺术珍品。

宏佛塔俗称"王澄塔"，位于宁夏贺兰县潘昶乡红星村东。塔高28.3米，塔身由下部八角楼阁式空心砌体和下部三层须弥座覆钵式砌筑体组成，将汉、藏两种佛塔建筑风格融为一体，造型特殊。

宏佛塔

拜寺沟方塔

　　拜寺沟方塔位于贺兰山东麓、距拜寺沟沟口十多千米的深山之中，是一座十一层密檐式实心砖塔。1990年11月，被不法分子炸毁。第二年，宁夏文物考古研究所对拜寺沟方塔的废墟进行了发掘和清理，出土了许多十分珍贵的西夏文物。迄今为止世界上最早的木活字版印本实物《吉祥遍至口和本续》就是在这座塔的废墟中发现的，它将木活字的发明和使用时间提早了一百年。

承天寺塔

　　承天寺塔，位于银川市兴庆区承天寺院内，始建于西夏天祐垂圣元年（1050），俗称"西塔"。据载，西夏开国皇帝李元昊死后，其子谅祚年幼登位，皇太后为保其子"圣寿无疆"，祈望西夏江山"延永坚固"，下令建造承天寺和佛塔。这是唯一的一座有修建年代和始建年代记载的西夏古塔。承天寺塔坐西朝东，是一座楼阁式八角砖塔，通高64.5米，是西北地区最高的一座西夏古塔。

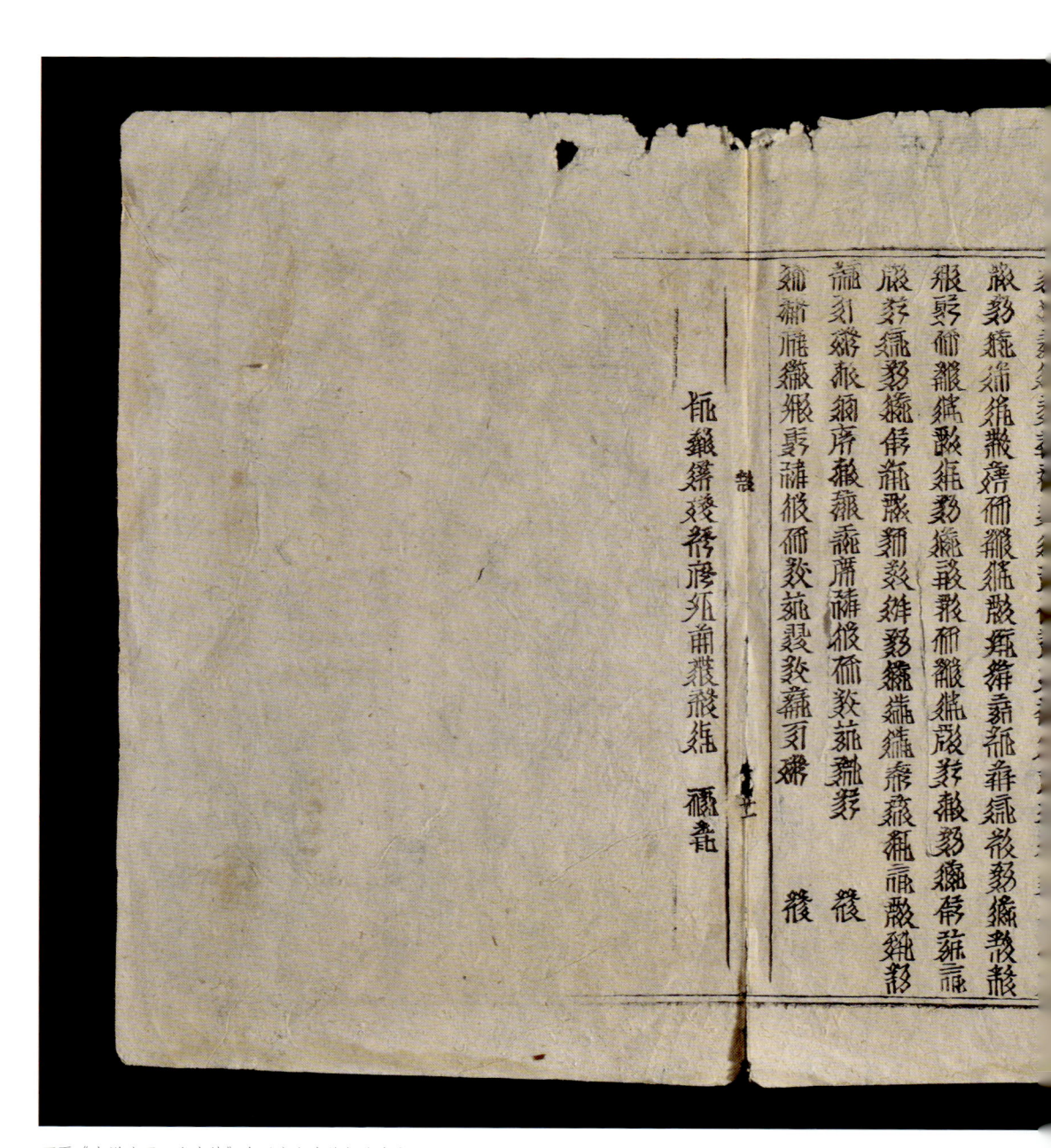

西夏《吉祥遍至口合本续》木活字印本的部分内文

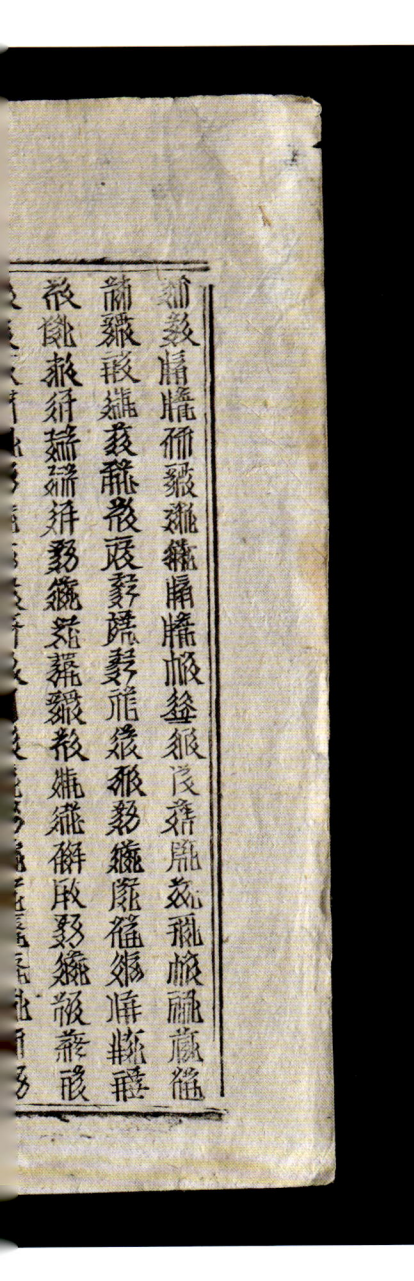

西夏一百零八塔是罕见的塔群，在青铜峡峡口黄河西岸，共有108座喇嘛式实心砖塔，除最高一座高5米外，其余均在2.5米左右。依山势从上至下按奇数有序排列成12行，分别为1、3、3、5、5、7、9、11、13、15、17、19座，布局奇特，气势雄伟。塔中发现有砖雕佛像、彩绘泥塑佛像、泥塔模等。在塔区还发现有帛画两幅，画面为千佛图，并有西夏文墨书题记。"一百零八"是佛教惯用的数字，佛教认为，人生有一百零八种烦恼与苦难，为了消除这些烦恼与苦难，规定佛珠108颗，念佛108遍，响钟108声。所以一百零八塔大概是捐资造塔的"功德主"为消除人生烦恼而建的，同时塔群也表明西夏佛教的兴盛和藏传佛教在西夏腹地的影响。

从宋西夏时期留存至今的佛塔及贺兰山岩画发现的石刻塔形图案可以印证，贺兰山岩画口的塔形图是宋西夏时期的遗存，这些塔形图反映了当时的宗教氛围。

「死」而复「生」的古文字

西夏文字，野利仁荣仿造汉字创制，在西夏统辖的区域内广泛使用，西夏灭亡后逐渐成为「死文字」。贺兰山岩画中发现的西夏文字，为研究西夏的政治、经济、文化和社会生活等提供了丰富的资料。

　　在百万年的人类史上，图画符号的出现具有划时代的意义，是人类文明史上的一大飞跃。世界各地大量发现的原始象形图画符号，印证了图画是早期人类重要的记事方式和交流媒介，甚至可能是一些象形文字的雏形。贺兰山岩画中的图案符号是不是中国象形文字的雏形，还需要进一步研究分析，但是其中出现的成熟的文字，无疑成功传达了千百年前刻画者的生活、情感及信仰。

　　贺兰山岩画图案中，有一类西夏文字题刻，较为独特。这类岩画或单独出现或与其他图案组合出现，有的刻在独立的石面上，有的则刻在崖壁上。

　　贺兰口沟口北壁上凿刻有众多的人面像，人面像周围，刻有15个西

贺兰口人面像及15个西夏文字岩画

明万历题刻岩画

夏文字，其中有 5 个笔画相同的西夏文字"佛"，横不成排，竖不成行，散乱地刻在两个并排的人面像右上方，此外有一个西夏字"五"。

中卫大麦地岩画中的西夏文字同样表达的是宗教意义。那么，西夏文的"五"字、"佛"字和众多的人面像有什么关系呢。这就要从西夏文、西夏的兴盛衰落说起。

1038 年，党项羌族拓跋思恭后裔嵬名元昊（李元昊）在兴庆府（今银川市）建立"大夏"地方政权，1227 年国家消亡，历时 189 年，史称其政权为"西夏"。在建立政权之前的 1032 年，李元昊就命大臣野利仁荣创制西夏文字，历时 3 年始成，共 5000 余字。西夏文字创制成功后，元昊便通过政令大力推行，使其广泛应用于官方文书、民间契约、佛经翻译等领域。同历史上其他王朝一样，西夏同样经历了形成、发展、鼎盛、衰败以及灭亡五个阶段。党项羌先后与宋、辽、金、吐蕃、回鹘等各民族不断融合，最终融入中华民族。

清嘉庆九年（1804），西北史地学者张澍于家乡武威疗养，一日与友人游历清应寺（即西夏的护国寺），偶然发现一座碑。碑阳所刻文字形体方正，类似汉字，却无一字可识。翻看碑阴有汉字，末尾落款"天祐民安五年岁次甲戌十五日戊子建"。"天祐民安"乃西夏年号，张澍遂判定碑阳所刻不识之字为西夏文字，该碑便是日后被确定为全国重点文物保护单位的《重修护国寺感应塔碑》，俗称"西夏碑"。销声匿迹数百年的西夏文自此重新为人所知。

中卫大麦地西夏文字岩画

贺兰口人面像及5个西夏文字岩画

西夏时期，信仰佛教的牧民，在水草丰美的贺兰口放牧，发现了这些神秘的人面像岩画，于是猜想这些人面像是"佛"身。因为，在我国传统文化中，"五"代表中心，同时又是人类一只手计数的最大数，有"众多""许多"的含义，于是他们在心目中的"佛像"（人面像）周围凿刻了一个西夏文"五"字和很多西夏文"佛"字，表示这里有很多人面像。同样在贺兰口岩画中的一个人面像左边，发现有竖刻的"正法能昌盛"五个西夏大字，意为在山壁上出现众多的"佛"像（人面像），能以弘扬佛法，可以使佛法昌盛，以此表达他们对这些"佛"的崇敬之情。

上文提到的贺兰口的西夏文题刻的人面像岩画，其人面像是由羊图腾符号构成的，是羊图腾的拟人化形象，是我国西北古老氏族（羌戎）图腾崇拜的对象。仔细观察，人面像是用石器磨刻而成的，其磨槽绞深，有石锈细斑生成，时代非常久远。而在人面像左边的五个西夏文字则系金属工具凿刻而成，凿点细密，线条边缘工整，字体内透出青砂石本色，与旁边的人面像的刻痕有很大区别。因此，两者绝不会产生在同一个时代，更非一人所为。文首提到的贺兰口沟口北壁人面像岩画及15个西夏文字中，也有两处人面像被西夏文打破或叠压的情况。这就有力地证明了西夏文"佛"字晚出于人面像。这些西夏文题刻，是西夏时期党项人对贺兰山人面像岩画的一种理解和诠释。

西夏时期，生活在贺兰山一带的党项人通过岩画这一艺术表现手法将自己对佛的崇拜凿刻在岩体之上，表达了对美好生活的期盼。

白芨沟多彩的山间文身

贺兰山岩画在漫长的岁月中风蚀雨削，自然剥落的很多，遭到人为破坏的也不少。今天我们看到的残存的贺兰山岩画，大部分是敲凿、磨刻、划刻而成的，彩绘岩画仅发现白芨沟一处，这为研究古代彩绘艺术提供了珍贵的素材。

  1992 年，贺兰山北段的白芨沟一个洞窟中发现了一处彩绘岩画，这是宁夏境内至今仅存的唯一一处彩绘岩画。

  岩画点位于石嘴山市大武口区杏花村西北 15 千米处一个坐西向东的天然敞口形洞窟内，洞窟前方地势开阔，有山泉从谷底流过，自然环境优美。岩画绘制在岩洞东侧呈斜坡形岩石夹缝的岩面上，岩面高 8 米、长 10 米，大致有 30 幅图案，近百个单体形象和符号。现存 12 幅，25 个个体形象。

  这批彩绘岩画的内容大体上是纪实性的，描绘了当时人们的生活场景和所见所闻，题材包括动物、手印、人形、符号等。动物图案有马、牛、狗、骆驼等，其中以马形象最多。人形图案多表现为射猎、骑士、放牧等场景，既有跃马扬鞭者，又有引弓射箭者，呈现一派紧张激烈的狩猎气氛。其中放牧画面中的骑马者佩戴腰刀，头发编发于脑后，使用三角形马镫，马的前额有鬃髻，群马表现得生动而传神，线条优美修长。射猎画面上，右边一人体形高大，张弓射箭瞄准左侧一人，装饰民族特色鲜明。丕有许多弥足珍贵的空心手印图案，为模用吹管吸取颜料吹绘而成，可辨别的有18个，能够分辨出左、右手，大小与成年人的手印相当，且有大小、长短之分，明显不是一人所为。个别手印有断指现象，可能反映出争夺洞窟或同野兽搏斗时留下的战绩，然后把手印作为一种占有权的象征或胜利的标志永久地留在了岩石上。

关于这批岩画的创作者，现任宁夏文物考古研究所所长朱存世在《贺兰山白芨沟彩色岩画的时代及民族归属》一文中认为："根据岩画中出现的马镫、骑者的鲜卑发式、马额部的鬃髻，以及史书对贺兰山北段名称的记载，推测白芨沟岩棚彩色岩画为鲜卑族的岩画遗存，当与鲜卑乞伏部相关，时代在公元三世纪后段。"这组彩色岩画的另一个明显特征就是未发现羊的图案。鲜卑族属于森林草原类游牧民族，狩猎是其主要的生存方式之一，猎物以马、牛为主，羊可能在其生活中处于从属的地位，这也证实了该岩画与鲜卑族的关系。

白芨沟洞窟内彩绘岩画存在明显的打破叠压关系。从打破叠压关系和岩画呈现的色泽来看，手习岩画与射猎、骑乘、放牧岩画属不同时期制作而成，甚至手印岩画也是在不同时期创作出来的，因为褐色空心手印岩画

白芨沟手印图案岩画

时间明显要比赭色（即红色）空心手印岩画年代更早。说明这批彩绘岩画是经历了漫长的岁月，经过多次制作而完成的艺术珍品。这批彩绘带有我国南方系彩绘特色。南方系的彩绘岩画，主要特点是图像多用红色赭石颜料绘制而成，通常使用植物或动物胶作为黏合剂，确保岩画颜色历经数千年而仍然保持鲜艳。白芨沟洞窟彩绘岩画，绘制手法也与南方系颜绘相同，即用兽毛或羽毛蘸赭色颜料绘制在石面上，这一发现为贺兰山岩画增添了新的内容和形式。

白芰沟骑士岩画

贺兰山白芰沟彩绘岩画的典型代表图案有骑士彩绘和人形，图案偏纪实性。骑士画面中人物头上戴有两个羽毛装饰，手握马鞭，好似在驱使着身下的马儿快些赶路，整个人物显得神采飞扬，形象极其逼真。人物身下马的形象动感强烈，只见马头高高昂起，马的身材匀称修长，马蹄踏地，后面还甩着尾巴，飘洒自如。整个画面布局合理、细节突出，纪实性强，达到了非常高的艺术境界。人形彩绘，形象逼真生动，身体俯首前倾，迈开双腿，呈匆忙地行走状。

十米台游牧生活的长卷

贺兰山地区生活的远古氏族和部落，因农业不发达而对畜牧业极为依赖。在生产力水平低下和认知有限的情况下，氏族社会中产生了各种神秘的巫术活动，来祈求骑射、狩猎这些畜牧生活能够顺利平安，中卫十米台岩画完美刻画了当时的生活场景。

　　回望人类的发展史，没有文字的时代似乎距离我们非常遥远。生活在那个时代的人们与各个历史发展阶段的人们一样富有想象力与记录能力，那些刻画在岩石上的画面就是力证。贺兰山南端中卫大麦地发现的十米台岩画长卷，就生动形象地记录了当时人们的生活。

　　十米台岩画长卷，位于中卫市北山枣棘沟内道路以北约 50 米处的石壁上，画面长约 7.8 米，宽约 1.3 米。因岩画所在的石面长约十米，所以被称为"十米台"岩画。画面中有着众多岩画图案，场景宏大，其中人物图案约 43 个，

大麦地十米台长卷岩画

动物图案 171 个。画面从左至右，可以看到有狩猎、骑射、祭祀等图案，同时在四周凿刻有各种动物图案。画面中，当骑着马的人们在狩猎时，周边巫师正举行着巫术活动，希望部落的狩猎活动可以大获丰收。古人通过岩画将一幅内容丰富具有典型北方游牧民族的生活画卷呈现在世人眼前。

我们在这幅十米台岩画中深入了解中国古代人民对于生活场景的记录

时，可以发现中国最早的风俗画就是原始社会岩画中的狩猎场面。从人类早期的岩画，到汉代的画像砖，再到历朝历代表现民间烟火的画作，都存在表现不同主题和创作手法的风俗画。这些风俗画中有的表现当时社会的生产生活场景，有的描绘群落式的生存场景，有的表现个体的活动和环境，种类繁多且内容丰富。到了宋代，风俗画的形式和题材开始变得更加多样化，当时艺术家能够通过绘画的形式反映出社会的整体风貌，这也体现出

韩美林艺术馆

韩美林雕塑作品

　　韩美林先生以岩画为题材的绘画、书法、雕塑、陶瓷、染织等各个门类的艺术精品。

　　艺术馆规矩方正的主展厅与空间开放、内容丰富的互动展区完美搭配，在多元化空间中引入日光与山景，做到了空间功能与空间形态的完美结合。艺术馆外墙面装饰毛石，均就地取材自贺兰山区域，表现了现代艺术与大自然的融合。在这里，五湖四海的游客及广大艺术爱好者，可以尽情欣赏远古人类文明与当代智慧碰撞迸发出的激情火花，感受五千年前的历史、

韩美林绘画作品

艺术、自然与现代精神的交融与对话。

20世纪80年代，韩美林第一次踏足贺兰山，就被古老神秘的贺兰山岩画深深打动，此后他数次来到贺兰山，观摩岩画艺术，汲取创作灵感，在对贺兰山岩画的各种研究与解读中，以绘画、书法、陶瓷、民族传统艺术等为载体，天马行空地创造了连接远古到现代、极具神秘与变幻之美的现代岩画艺术。2010年6月，怀着对贺兰山岩画的深厚感情与回报之心，先生决定将几十年来创作的1000件以岩画为主题创作的艺术精品捐赠给银川市人民政府。为了收藏、陈列、研究这些珍贵的艺术作品，银川市人民政府决议在银川市贺兰山岩画遗址公园内兴建"银川韩美林艺术馆"，以期通过韩美林当代艺术形式对贺兰山岩画的解读诠释，令古老的岩画文化更为直观、广泛地走入民间，开辟一条全新的古岩画与新时尚的结合之路。

冯骥才评价："在对贺兰山岩画的各种研究与解读中，韩美林以他合璧古今的艺术才华，让艺术通过远古与现代的隔空对话得以继承与延续。他与贺兰山岩画的不解之缘，不仅使古老的岩画焕发出符合现代审美趣味的光彩，也使得他自身的艺术成就迈向更高的境界。"邹文讲："贺兰山的岩画，相当多的造型是动物。韩美林艺术相当多的题材兴趣也在于动物。他画了数以万计的小品画。几根线条，几个圆圈，像童画，像涂鸦，简单至极，稚拙率真。我们久违的心灵感动，会在一瞬间的视觉邂逅中实现。一边是韩美林，一边是贺兰山，这中间有着一根跨度5000年的连线。"韩美林自己说："我的书法有岩画的影子，我的篆书、国画等，都受岩画的影响，你看我画的很多动物都没有蹄子，岩画上的动物就没有蹄子，马、羊、骆驼一只腿粗一只腿细，岩画里动物的腿也没有同样粗的，这就有了立体感，毕加索的画讲究立体主义，其实我们很早就有了立体主义。这都是我们民族的东西呈现出来的。"

韩美林的岩画艺术作品，既保留了与原始岩画造型的关联，又加入了现代的审美创造。他揣摩先民的思维和造型方法，吸取原始岩画灵感的时候，不是单纯的形象照搬，而是着重吸收了它的精髓和灵魂，这个"魂"是岩画的纯粹、古老、质朴、古拙、苍劲、自然和灵动。同时，他创造性地加入了传统的、民族的色彩。韩美林以他合璧古今的才华将这些内容相糅合，让古老和现代、传统与时尚延续和发展，形成了独具特色的韩美林艺术风格的岩画艺术。

受岩画自由天真、无拘无束的启发，韩美林作品中的形象是高度凝练的，凝练简化又不缺写实性。他的岩画作品"写实"，更多追求的是"神"而不过度拘泥于"形"，他用当代艺术家的审美角度、造型方式来重新呈现古老的岩画艺术。

银川韩美林艺术馆的巨型水墨牛图，就具有浓重的岩画风格，画中题跋：

> 公元二〇一五年八月十五日，晨起有兴，写贺兰山归来，画兴不可收拾。忆得三十年前惊见贺兰雄姿、岩画满山，顿觉老叟

韩美林卡纸作品

与贺兰有八世情缘。于是坐定银川，几经反复。此间，老夫已走九州大地，深得各地岩画艺术之启迪。一日梦醒，顿悟前人之手引领美林几十载艺术之路。徘徊踌躇之时，悟性大发，遂下地铺纸，捉笔寻其一二。忽觉眼前一亮，拍案向天一吼，我的路在这里……于是几十年埋头探求，低首拉车，什么梵高、老毕、马蒂斯，七法八法七十二法，没啦！至今，老夫每日功课除了书法不撒手，其他时间尽属岩画岁月，这古老的现代，无它艺术形式再可取代，于是一发不可收拾的黄金创作时代来啦！中华大地丰富

美林水墨画作品

遗存，还需寻寻觅觅。或傻二一个，任那些海归，装腔作势地指点！悲鸿、海粟、抱石均致力于国粹推进，没有民族的，不可能走向世界！

韩美林在创造性转化岩画中蕴藏的悠久的文化底蕴时，从铁艺、绘画、卡纸、雕塑等多个艺术品类进行了创新。他的铁艺新作深受岩画影响，在对岩画造型深入研究的基础上，融入个人情感和审美进行艺术的再创造。在岩画造型中，点、线、面三要素构图合理，虚实动静相衬，详略巧妙结合。

韩美林铁艺作品

以点为造型基础，极富装饰性与象征性；点集为线，使线条成为岩画最重要的表达形式，线条形态多样，曲直粗细搭配合理；面是点的密集，是线的运动痕迹，面在岩画造型中具有决定意义。韩美林的铁艺创作突破了岩画材料的限制，印、染、刻、雕、木、石、金属都能成为岩画艺术的载体。他所创作的铁艺品不拘形式、不拘材料、不拘质地，于细微处见精神，总是匠心独运地抓住岩画的某一个局部、一个细节，经过巧妙地处理就有妙

韩美林绘画作品

笔生花的奇效。他创作的铁艺动物灵动又不失古朴意蕴，让岩画动物形象由二维平面到三维立体，点、线、面组合，简约、立体感十足。铁艺做仿生锈处理，尽显古老与现代交融的艺术情怀。

韩美林的绘画作品以岩画中的动物为原型。他的水墨动物岩画作品，融入传统水墨的枯笔、浓淡、晕染等技法，笔下动物四肢一笔带过，尽量保留传统水墨写意的随性，但许多动物又以大的色块来完成身体的部分，与岩画

韩美林卡纸作品

中的几何图形和彩绘岩画有着异曲同工之妙，更增添几分原始的美感。

韩美林的卡纸岩画动物，运用马克笔在卡纸上勾画，几根线条、几个圆圈就勾勒出一只小动物。他的动物刻盘，将线条和面巧妙组合，线条飞扬洒脱，画面依托陶盘釉色，意境多变，极具装饰性。

韩美林依托岩画而创作的雕塑，体现了勤勉、勇敢、激昂的远古人类

韩美林雕塑作品

崇尚的精神,强调力量与内涵,如傲立的鹰、耕作的牛、奋蹄的马和迎风长啸的狮虎,甚或龙、凤等,形成对平面绘画艺术的视觉补足。他的雕塑创作灵感来源于岩画,而又不拘泥于岩画,可以说是对古老贺兰山岩画的延续、传承、弘扬,把我国优秀传统艺术和现代艺术进行结合,成为中国传统艺术的践行者、弘扬者。